# GUERRA-PEIXE

## Composições para piano

Nº Cat.: 336-A

Irmãos Vitale S.A. Indústria e Comércio
www.vitale.com.br
Rua França Pinto, 42  Vila Mariana  São Paulo  SP
CEP: 04016-000  Tel.: 11 5081-9499  Fax: 11 5574-7388

© Copyright 2012 by Irmãos Vitale S.A. Ind. e Com. - São Paulo - Brasil
Todos os direitos autorais reservados para todos os países. *All rights reserved*.

## Créditos

**Revisão Ortográfica**
Marcos Roque

**Capa/Diagramação**
Luiz Guilherme Araujo

**Coordenação editorial**
Roberto Votta

**Produção executiva**
Fernando Vitale

CIP-BRASIL. CATALOGAÇÃO NA FONTE
SINDICATO NACIONAL DOS EDITORES DE LIVROS - RJ.

G964c

Guerra-Peixe, César, 1914-1993.
　Composições para piano / César Guerra-Peixe . - 1.ed. - São Paulo : Irmãos Vitale, 2012.
140 p.

ISBN 978-85-7407-366-8

1. Piano. 2. Composição (Música).
　　I. Título.

12-8027.
CDD: 786.2
CDU: 780.616.432

31.10.12　　　　　　06.11.12　　　　　　040414

**Impressão e acabamento:** Mark Press Brasil

# Índice

**1ª Suíte Infantil**
    I - Ponteio ............................................................................................................................. 9
    II - Valsa .............................................................................................................................. 11
    III - Choro ........................................................................................................................... 13
    IV - Seresta ......................................................................................................................... 15
    V - Achechê ........................................................................................................................ 17

**Prelúdios Tropicais Nº 1**
    1 - Cantiga de Folia de Reis ............................................................................................... 21
    2 - Marcha Abaianada ........................................................................................................ 24
    3 - Persistência .................................................................................................................. 27
    4 - Ponteado de viola ......................................................................................................... 31
    5 - Pequeno Bailado ........................................................................................................... 35
    6 - Reza de Defunto ........................................................................................................... 40
    7 - Tocata ............................................................................................................................ 43
    8 - Cantiga Plana ................................................................................................................ 48
    9 - Polqueada ..................................................................................................................... 50
    10 - Tangendo .................................................................................................................... 52

**Sonatina Nº 2**
    I ........................................................................................................................................... 57
    II .......................................................................................................................................... 67
    III ......................................................................................................................................... 74

**O Gato Malhado**
    I - O Gato Malhado ............................................................................................................ 83
    II - A Andorinha Sinhá ....................................................................................................... 85
    III - O Namoro e os Murmúrios ......................................................................................... 88
    IV - A Noite sem Estrelas ................................................................................................... 91

**Minúsculas I**
    1 - Introdução .................................................................................................................... 97
    2 - Dramático ..................................................................................................................... 97
    3 - Marchando ................................................................................................................... 98

**Minúsculas II**
    1 - Caminhando ................................................................................................................. 101
    2 - Cantiga .......................................................................................................................... 101
    3 - No estilo carioca .......................................................................................................... 102

**Minúsculas III**
- 1 - Fanfarra ..... 105
- 2 - Valseado ..... 105
- 3 - Indiozinho carnavalesco ..... 106

**Minúsculas IV**
- 1 - Prelúdio ..... 109
- 2 - Contrastes ..... 109
- 3 - Caipira ..... 110

**Minúsculas V**
- 1 - Canto negro ..... 113
- 2 - Coral ..... 113
- 3 - Mãos cruzadas ..... 114

**Minúsculas VI**
- 1 - Barroquinho ..... 117
- 2 - Noturno ..... 117
- 3 - Lembrando Bartók ..... 118

**Quatro Coisas**
- I - Prelúdio ..... 121
- II - Movimentação ..... 123
- III - Interlúdio ..... 126
- IV - Caboclo de Pena ..... 128

**A Inúbia do Cabocolinho** ..... 135

# 1ª Suíte Infantil

# 1ª Suíte Infantil - nº 1
## Ponteio

Revisão de Lorenzo Fernândez

Guerra-Peixe

© Copyright 1943 by Irmãos Vitale S.A. Ind. e Com.

# 1ª Suíte Infantil - nº 2
## Valsa

Revisão de Lorenzo Fernândez

Guerra-Peixe

# 1ª Suíte Infantil - nº 3
## Choro

Revisão de Lorenzo Fernândez

Guerra-Peixe

© Copyright 1943 by Irmãos Vitale S.A. Ind. e Com.

D. CAPO até o Fim

# 1ª Suíte Infantil - nº 4
## Seresta

Revisão de Lorenzo Fernândez

Guerra-Peixe

# 1ª Suíte Infantil - nº 5
# Achechê

Revisão de Lorenzo Fernândez  
Guerra-Peixe

© Copyright 1943 by Irmãos Vitale S.A. Ind. e Com.

# Prelúdios Tropicais nº1

*Para Irany Leme*

# Prelúdios Tropicais - nº 1
# Cantiga de Folia de Reis

Guerra-Peixe

© Copyright 1979 by Irmãos Vitale S.A. Ind. e Com.

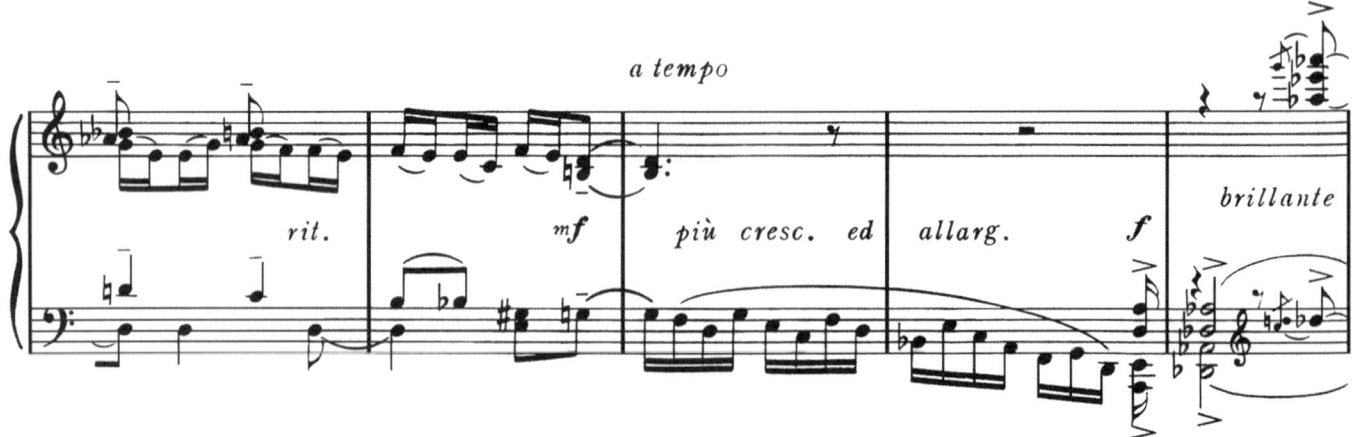

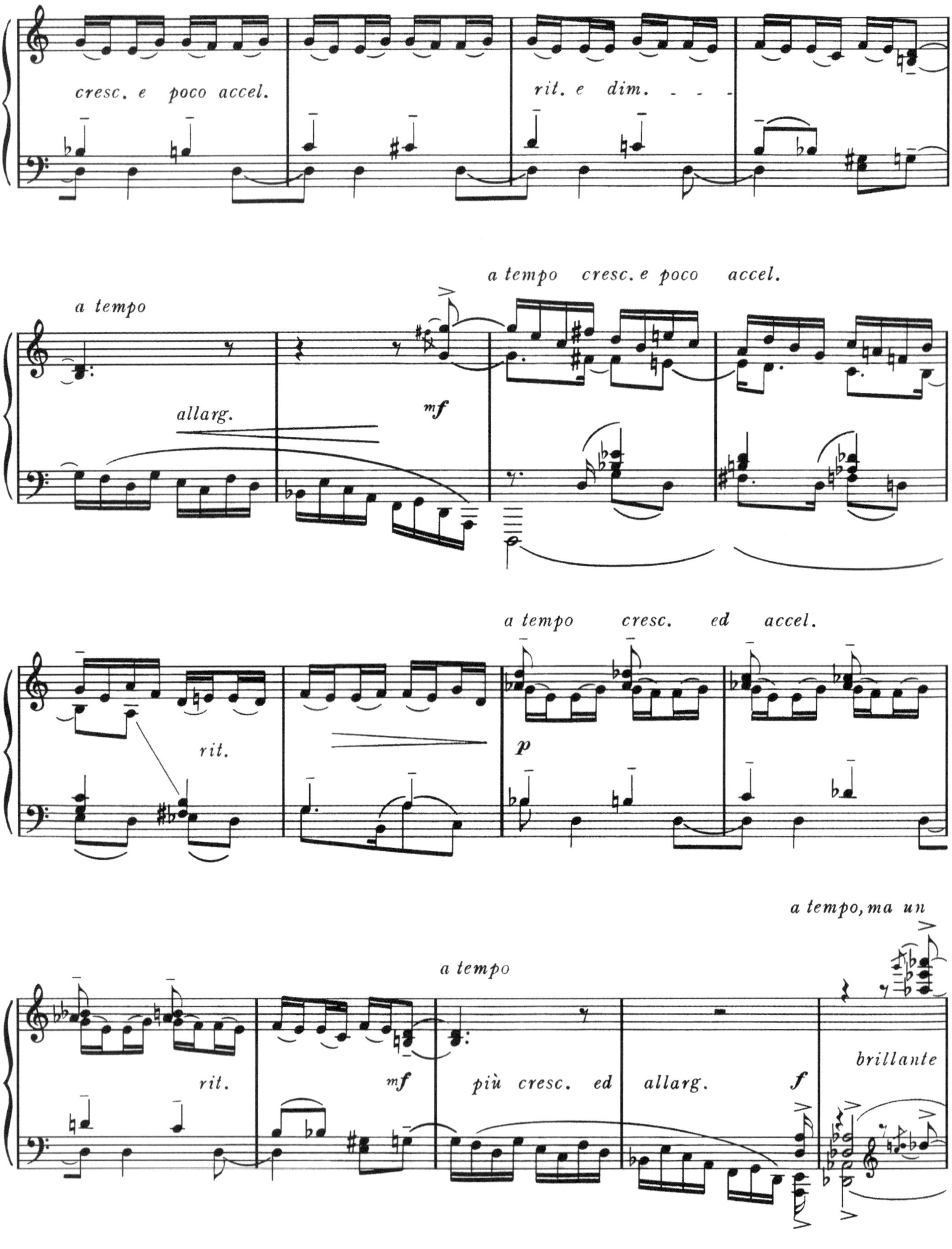
cresc. e poco accel.
rit. e dim. - - -
a tempo
allarg.
a tempo cresc. e poco accel.
mf
rit.
a tempo cresc. ed accel.
p
a tempo, ma un
a tempo
rit.
mf
più cresc. ed allarg.
f
brillante

*Para Maria Aparecida Ferreira*

# Prelúdios Tropicais - nº 2

## Marcha Abaianada

Guerra-Peixe

*Para Sonia Maria Vieira*

# Prelúdios Tropicais - nº 3
# **Persistência**

Guerra-Peixe

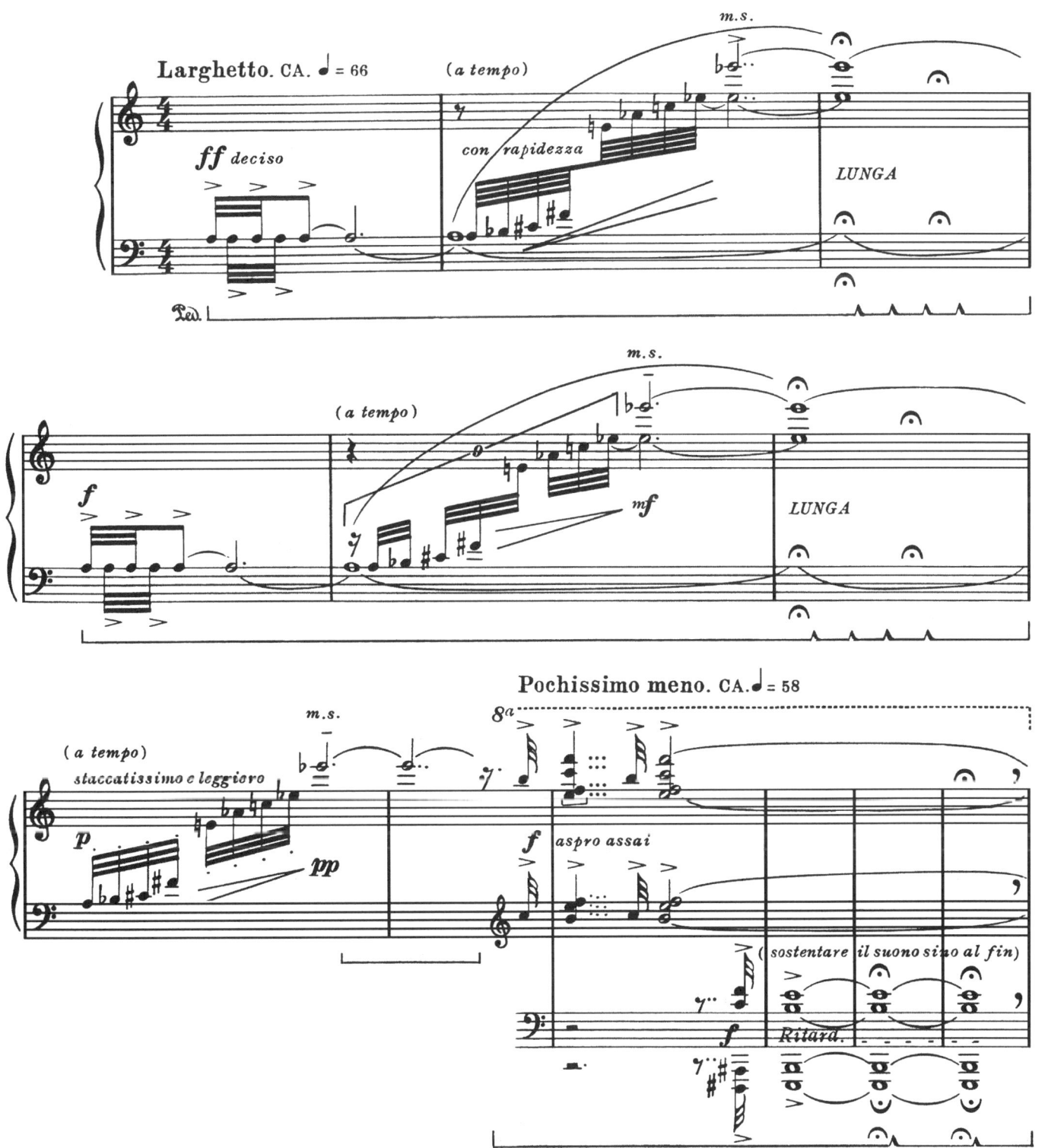

© Copyright 1979 by Irmãos Vitale S.A. Ind. e Com.

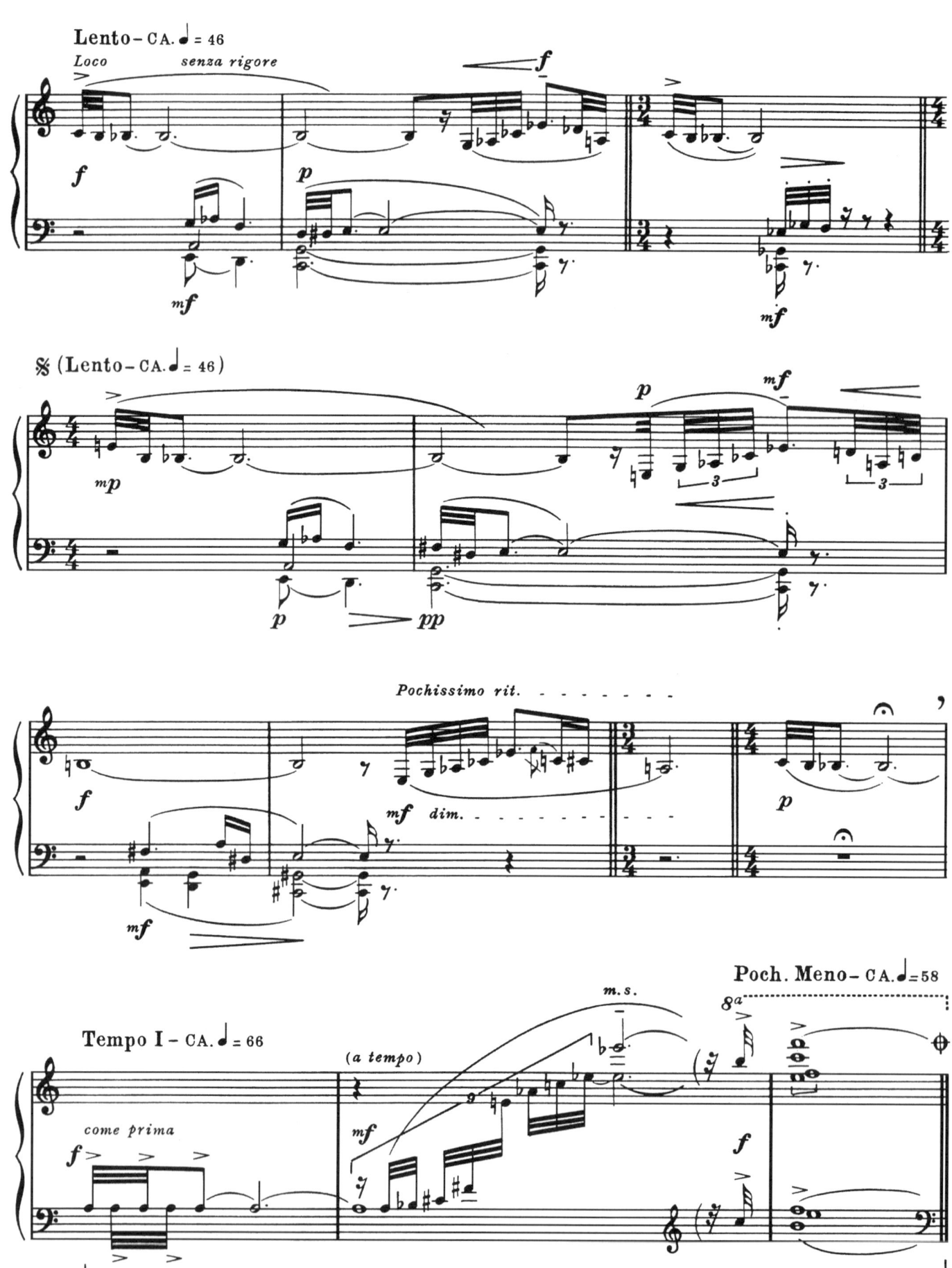

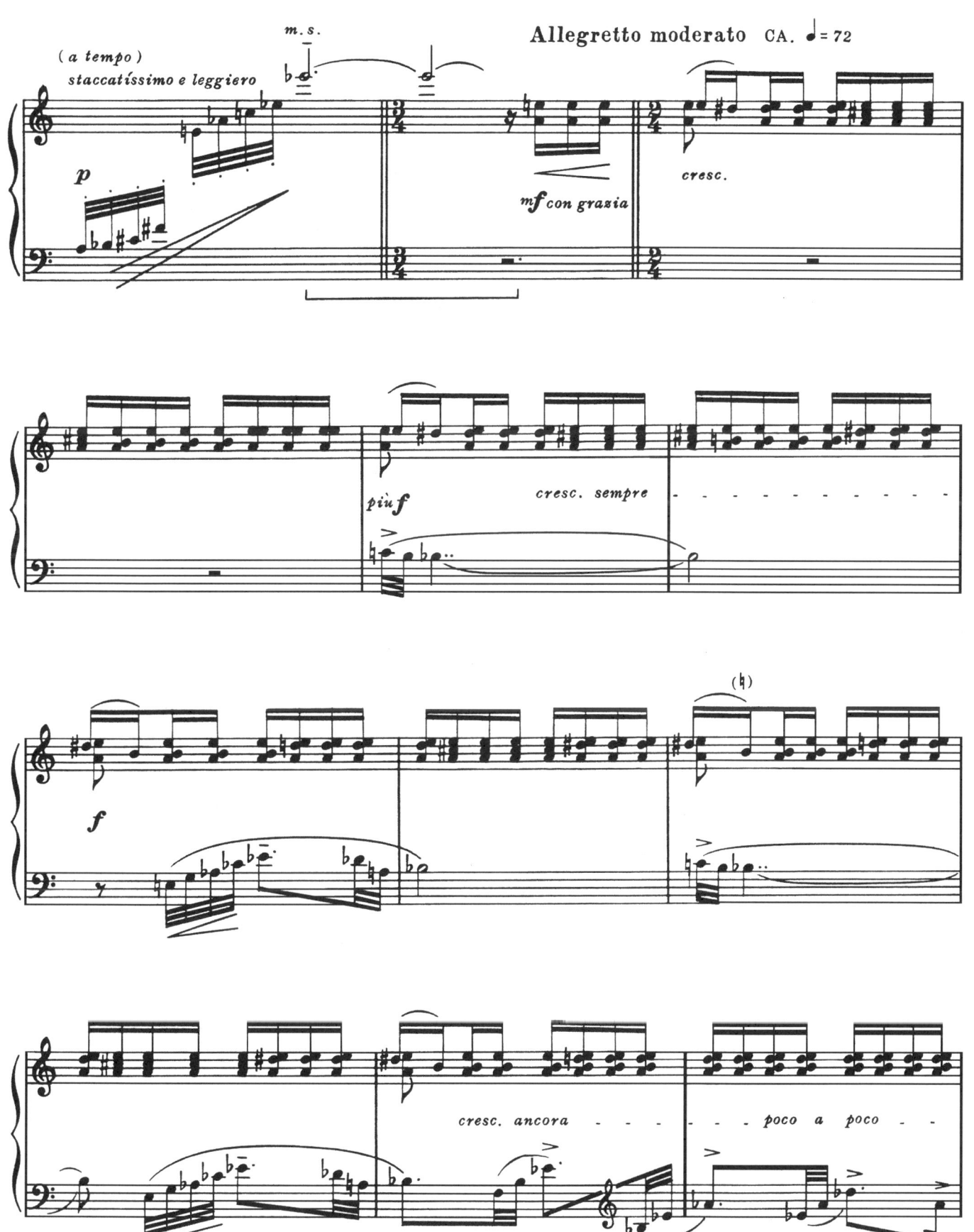

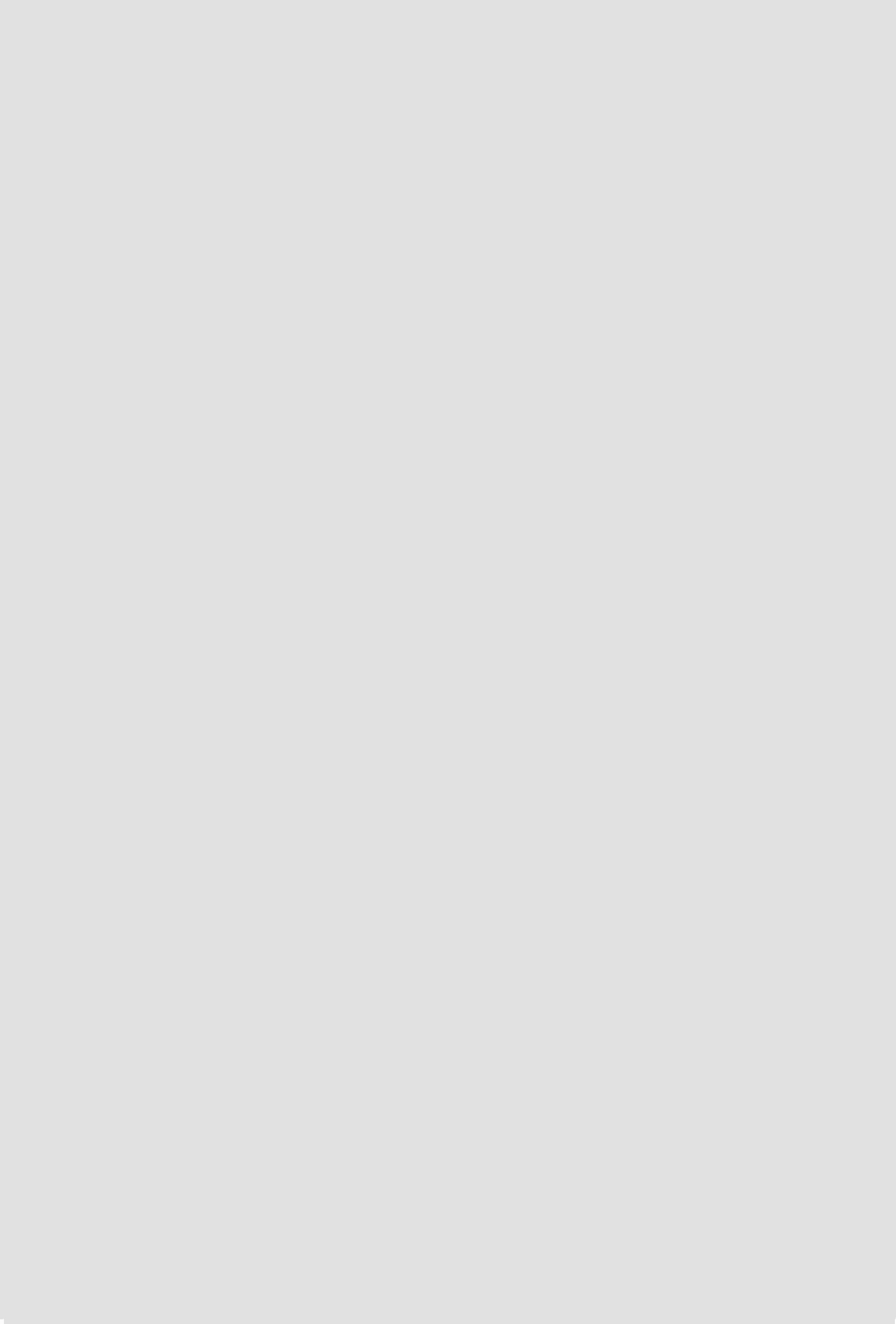

*Para Paulo Afonso de Moura Ferreira*

# Prelúdios Tropicais - nº 4

# **Ponteado de Viola**

Guerra-Peixe

© Copyright 1979 by Irmãos Vitale S.A. Ind. e Com.

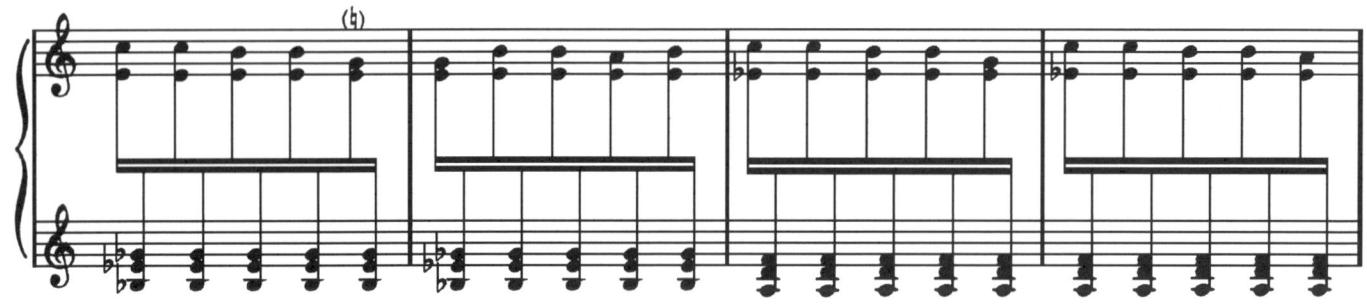

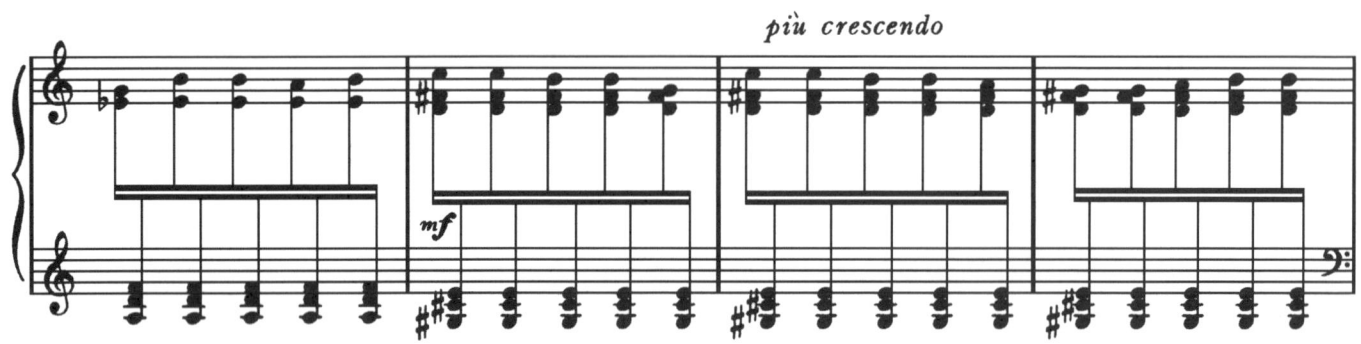

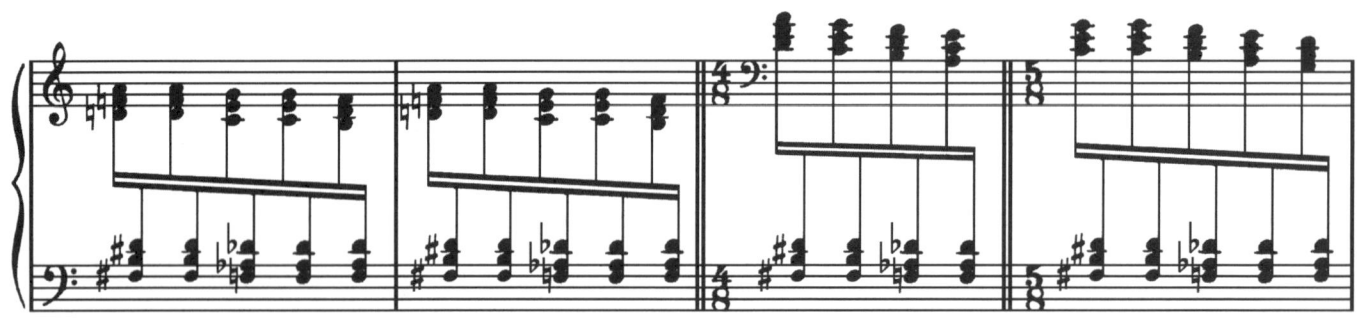

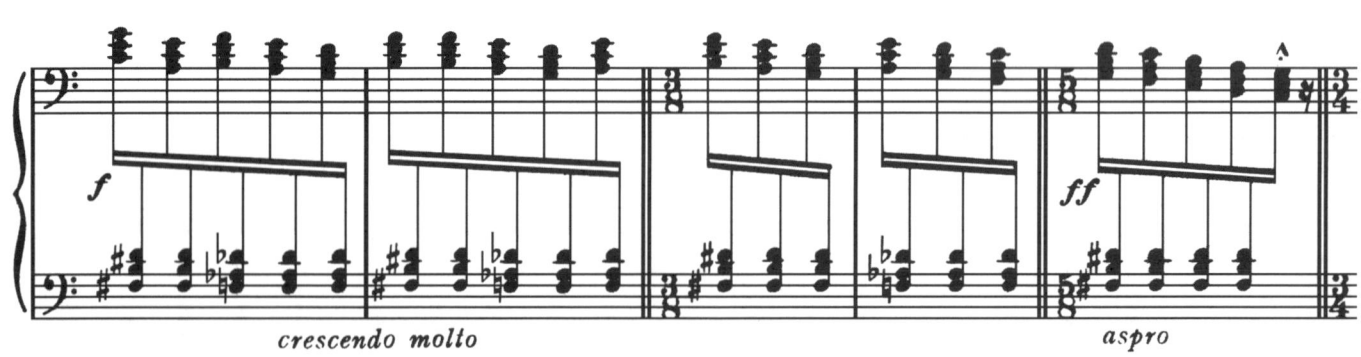

# Prelúdios Tropicais - nº 5
# **Pequeno Bailado**

Guerra-Peixe

37

dim.
f
f
scherzando
Risoluto
p
cresc.
f
cresc. e a tempo
f
ff
sonore
7
7
Lunga

Rio, 02-01-1980

Prelúdios Tropicais - nº 6

# Reza de Defunto

Guerra-Peixe

f
mp
dim.
A Tempo
poco rit.
p
cresc.
p
sempre sonoroso
mf
crescendo

*N.B.* — Se preferir, arpejar rapidamente este acorde.

*Para Cibeli Cardoso Reynaud e Frank Justo Acker*

# Prelúdios Tropicais - nº 7

## Tocata

Guerra-Peixe

© Copyright 1982 by Irmãos Vitale S.A. Ind. e Com.

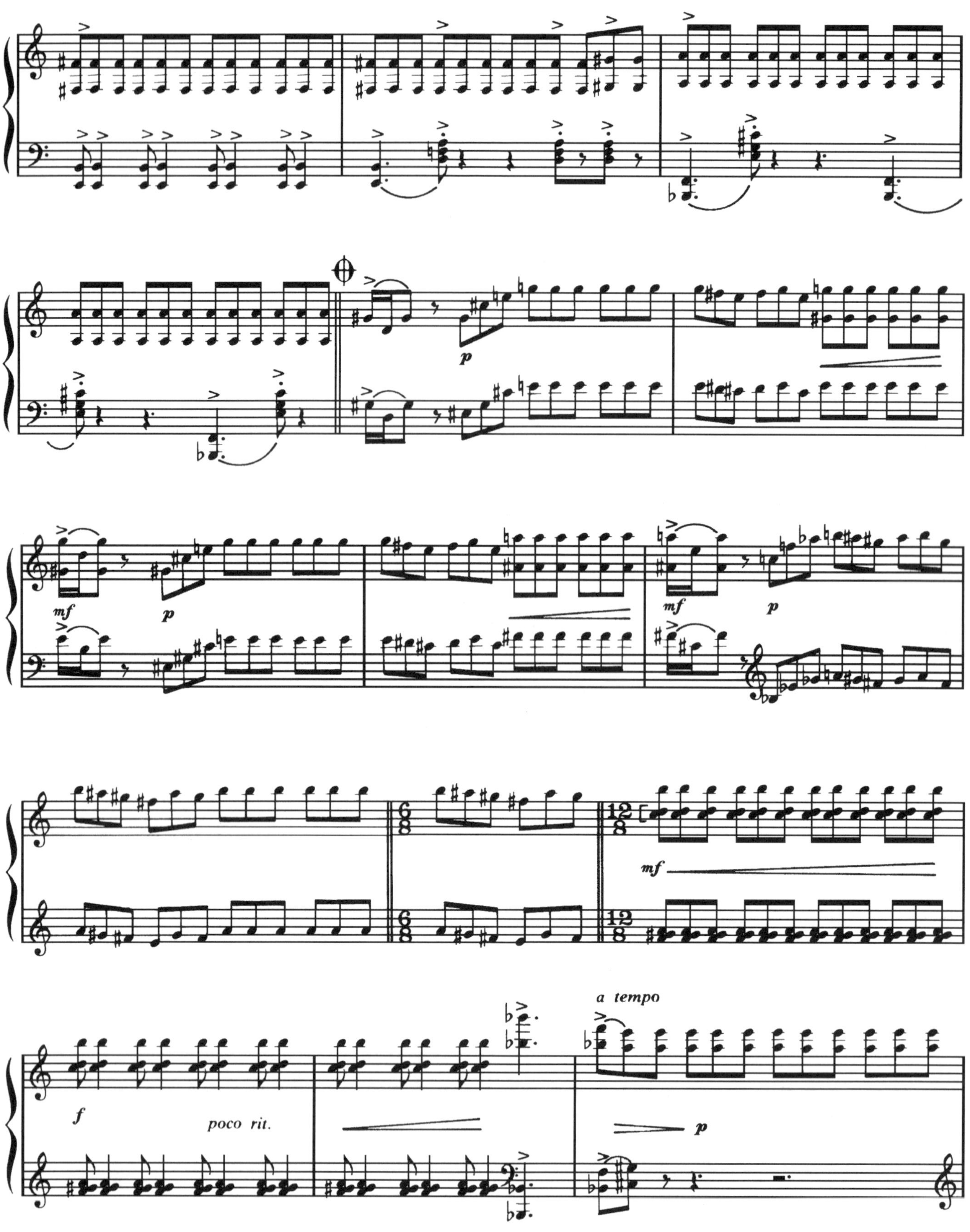
p
mf
p
mf
p
mf
f
poco rit.
a tempo
p

45

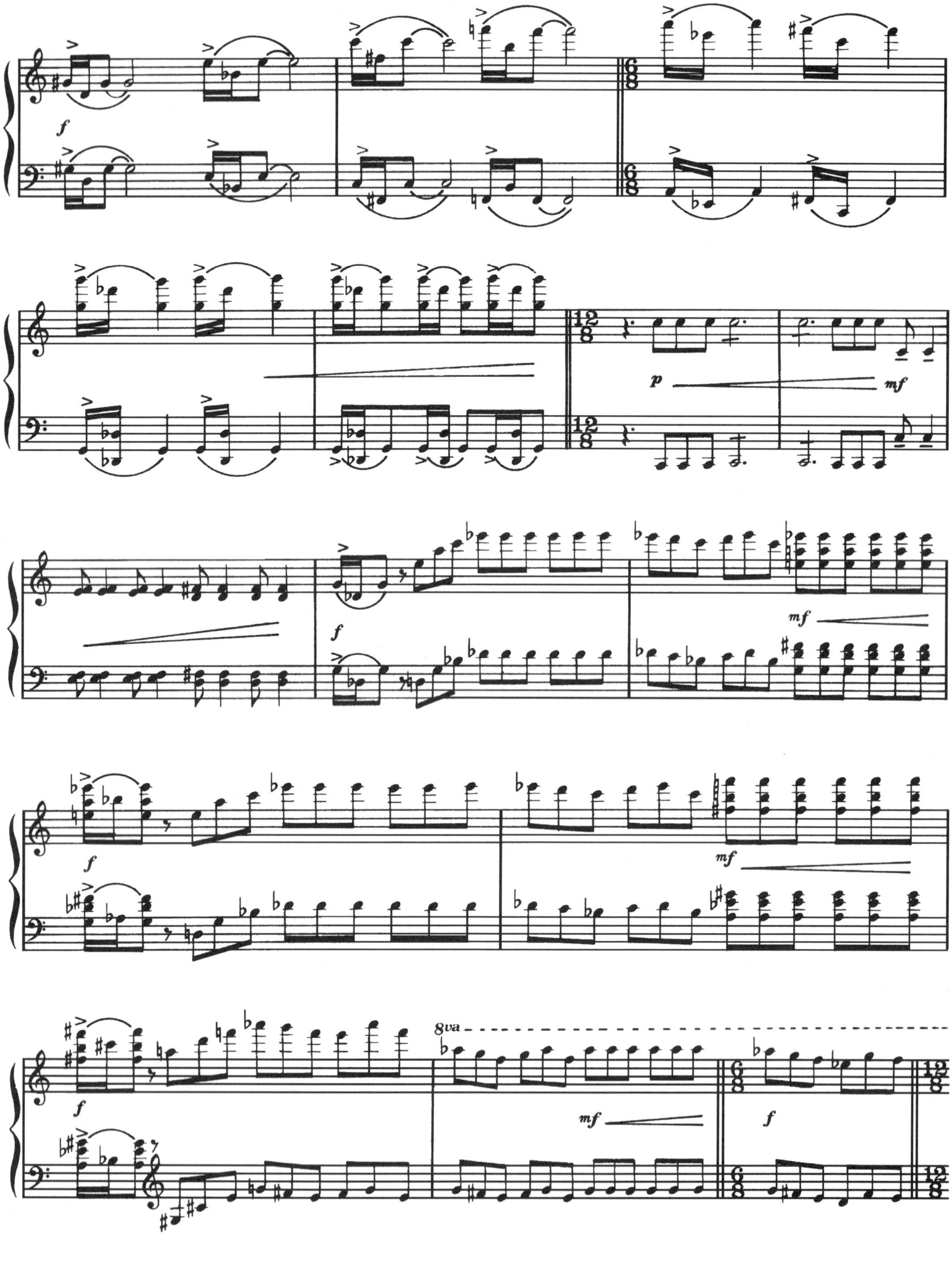
f
p
mf
8va

47

Prelúdios Tropicais - nº 8

# Cantiga Plana

Guerra-Peixe

49

Prelúdios Tropicais - nº 9

# Polqueada

Guerra-Peixe

cresc.
scherzando
8ª bassa
simile
f
p
cresc.
molto
Loco
poco rit.
a tempo
ff
f
mf
mp
p
ff

Prelúdios Tropicais - nº 10

# Tangendo

Guerra-Peixe

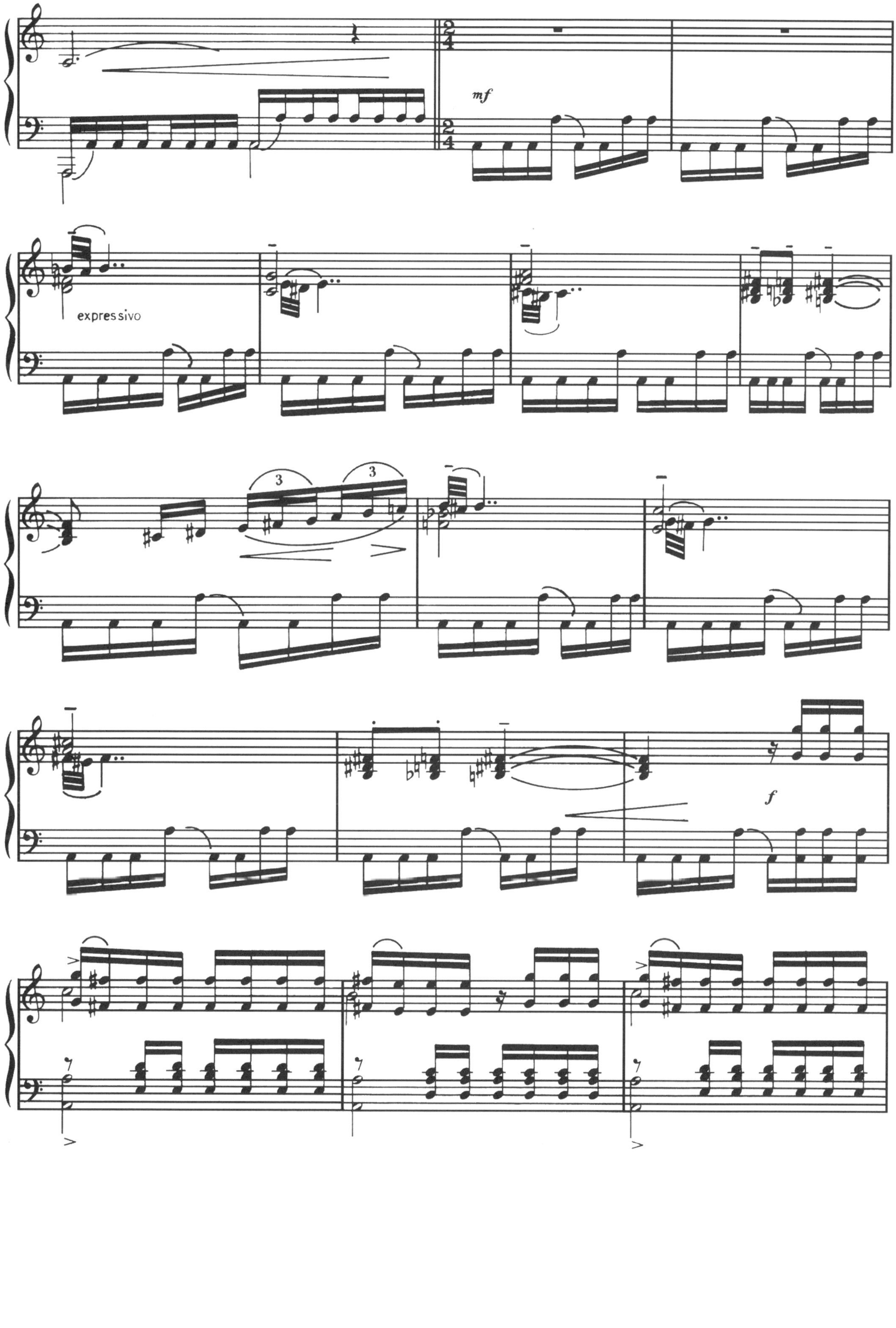

mf
expressivo
3
3
f

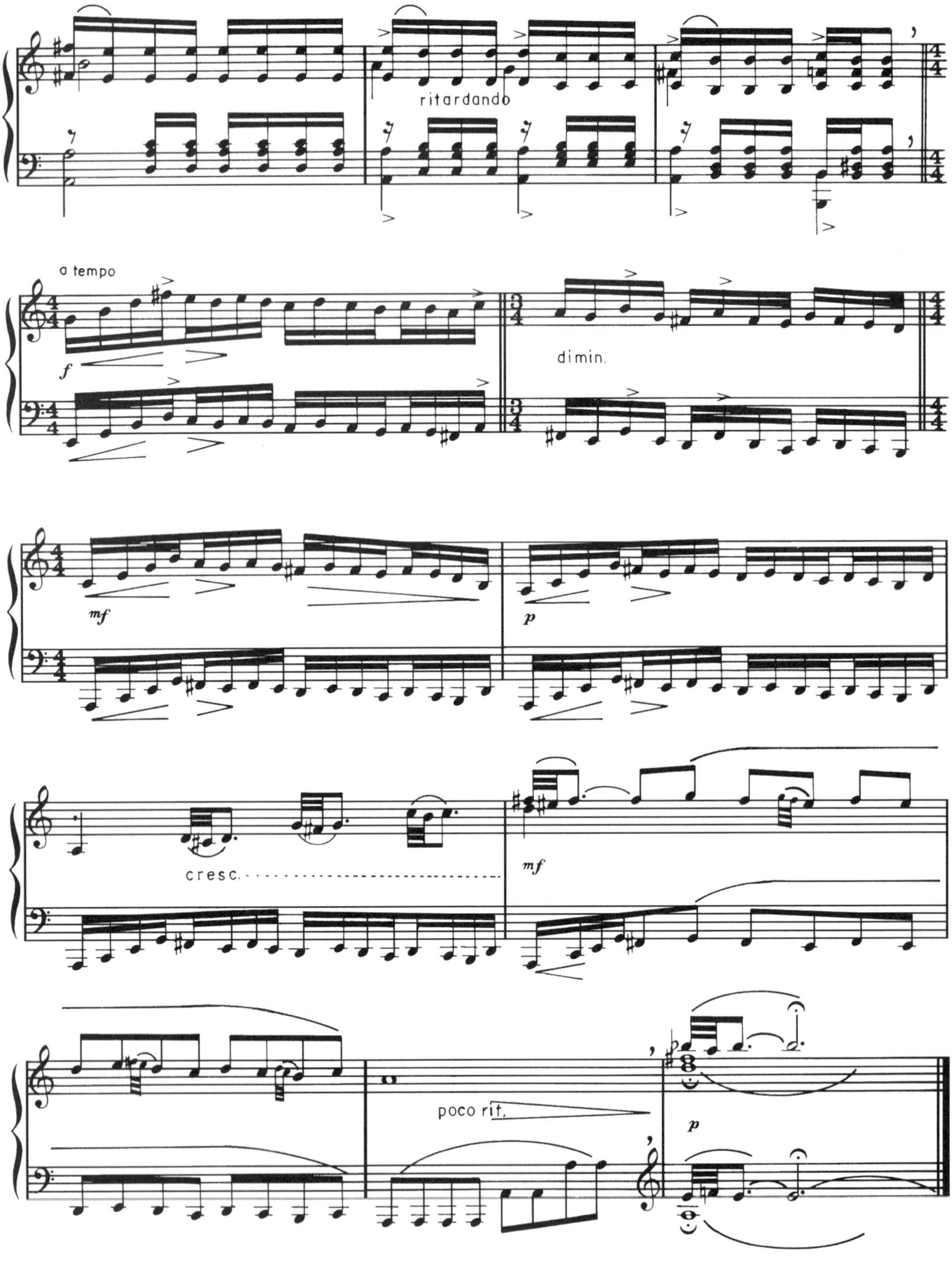
ritardando
a tempo
f
dimin.
mf
p
cresc.
mf
poco rit.
p

# Sonatina nº 2

# Sonatina - nº 2

# I

Revisão de Sonia Maria Vieira

Guerra-Peixe

Ⓐ *Manter a mão esquerda presa à duração do acorde.*

© Copyright 1979 by Irmãos Vitale S.A. Ind. e Com.

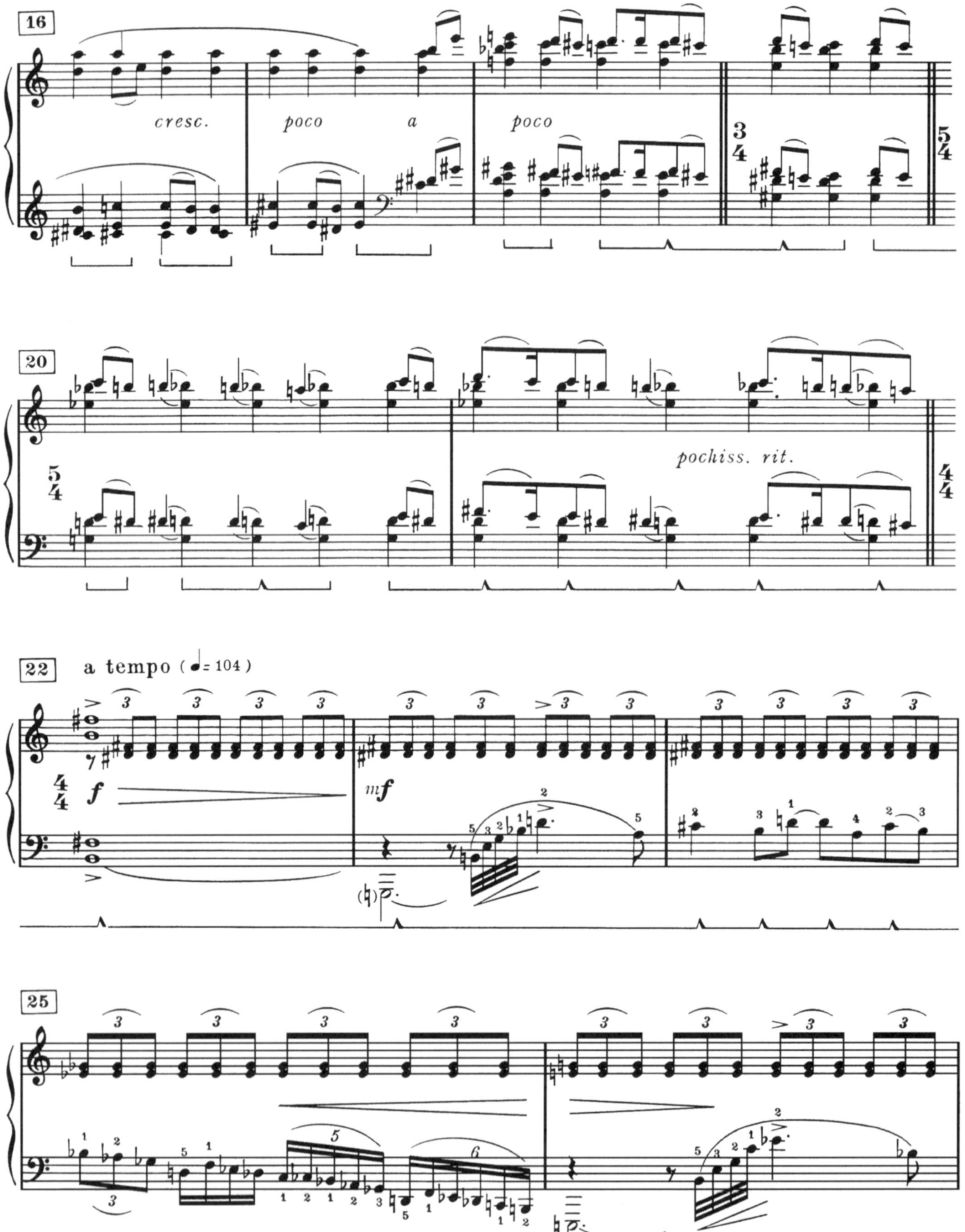
16
cresc.
poco
a
poco
20
pochiss. rit.
22
a tempo (♩= 104)
f
mf
25

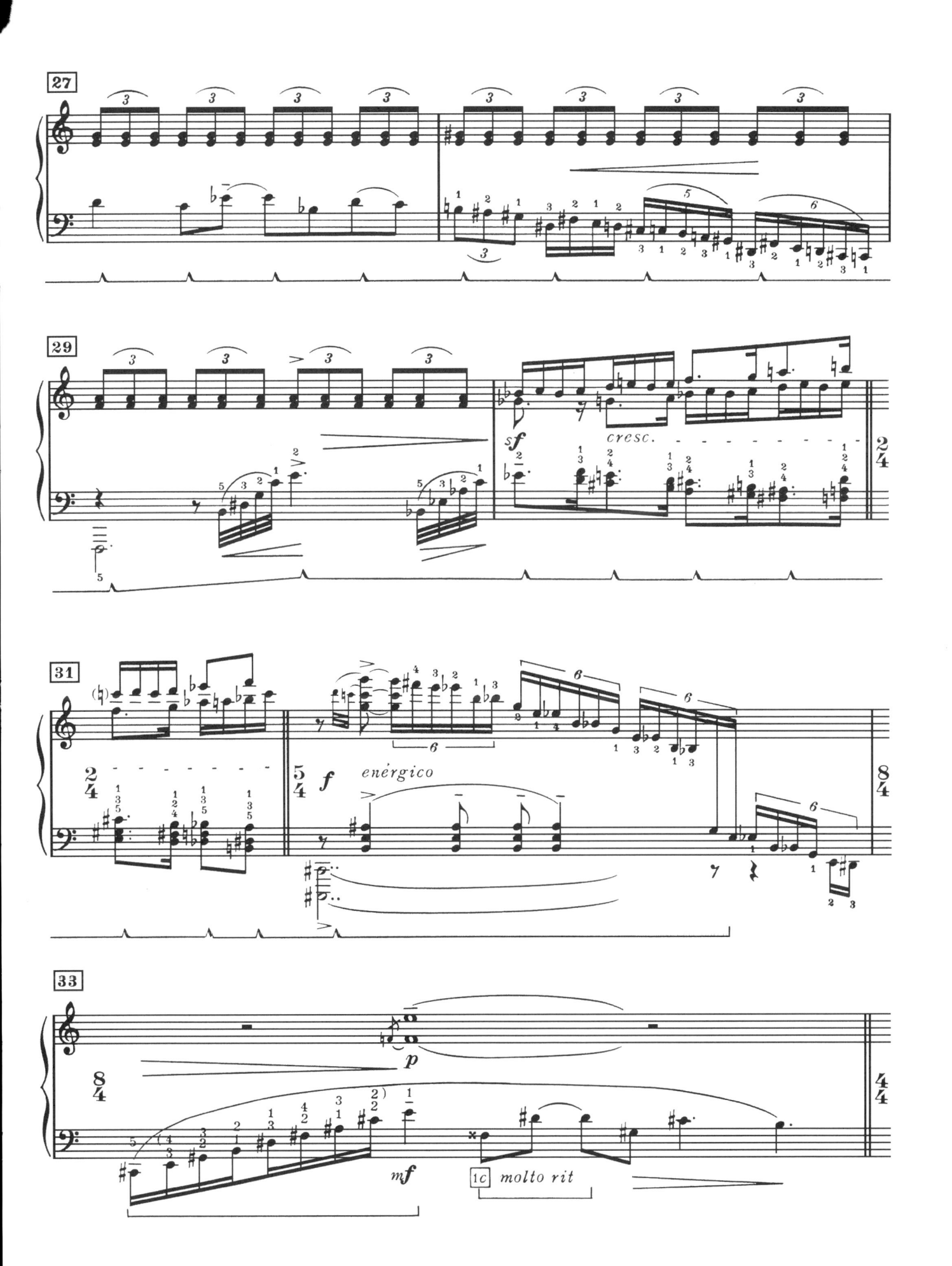
27
29
cresc.
31
energico
33
1c molto rit

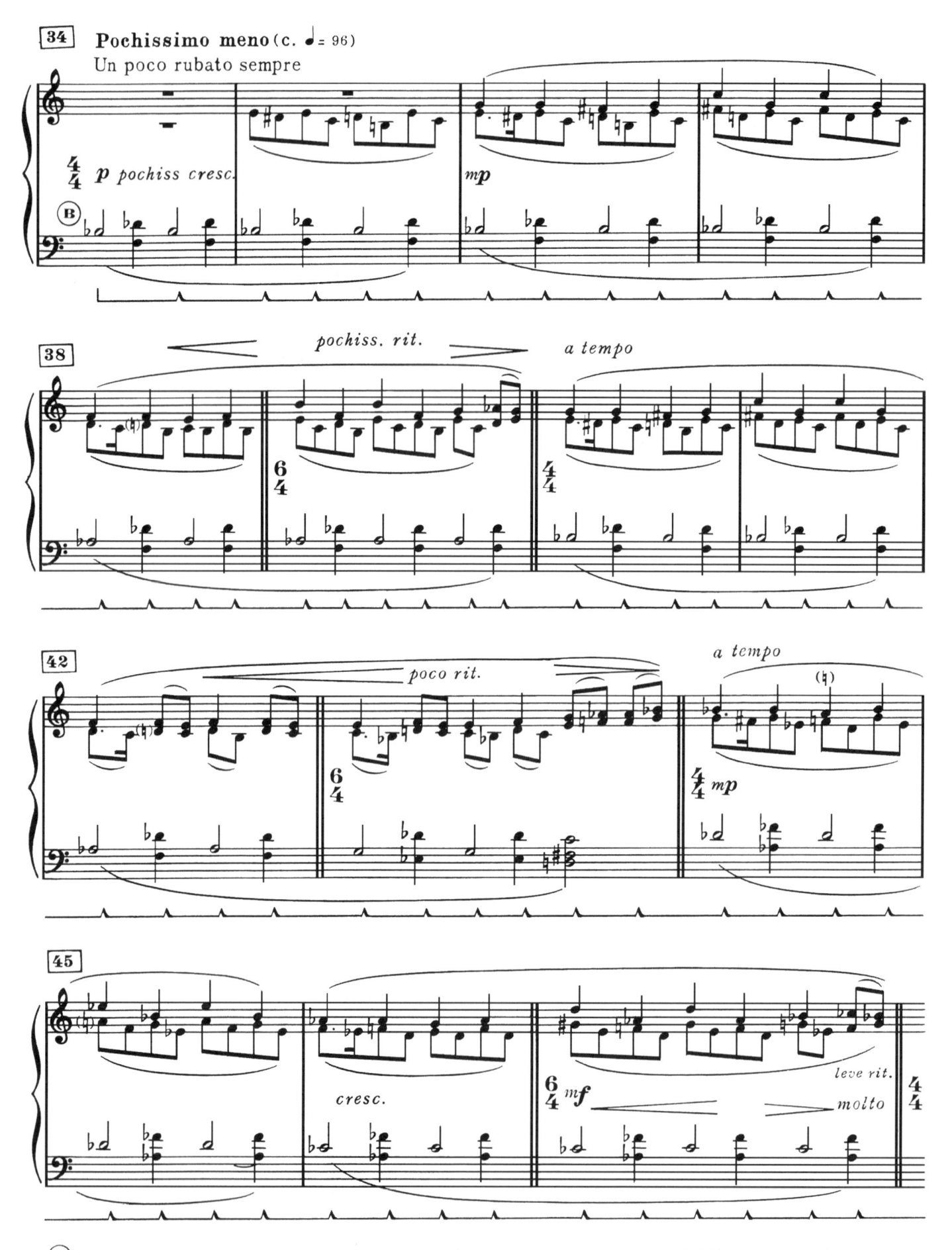

(B) Manter as mínimas ligadas, presas a sua duração (independente do uso do pedal!)

[C] Atenção ao baixo, que deverá permanecer presa, independente do uso do pedal.

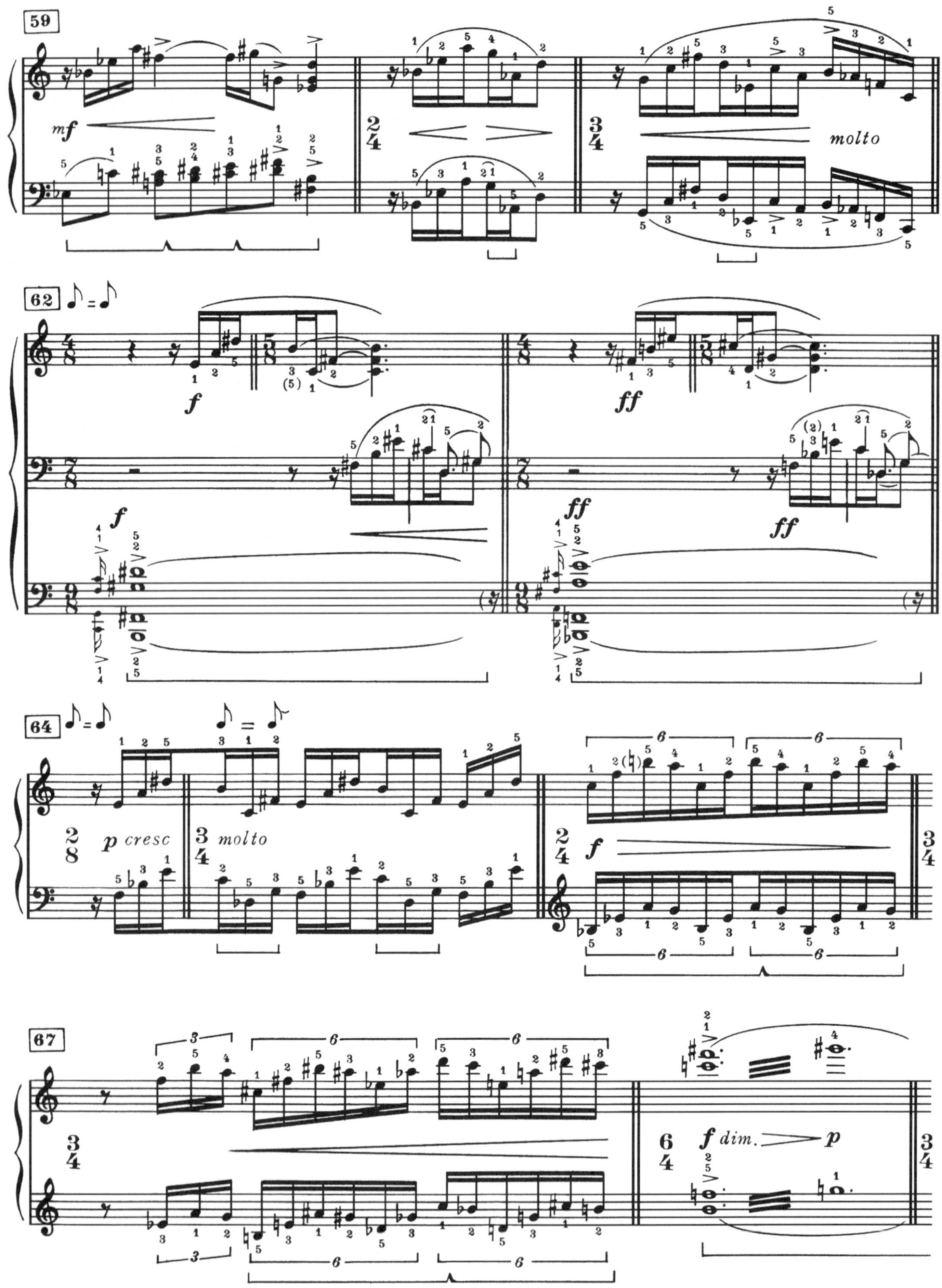
59
mf
molto
62
f
ff
64
p cresc
molto
f
67
f dim.
p

**D** *Deixar soar.*

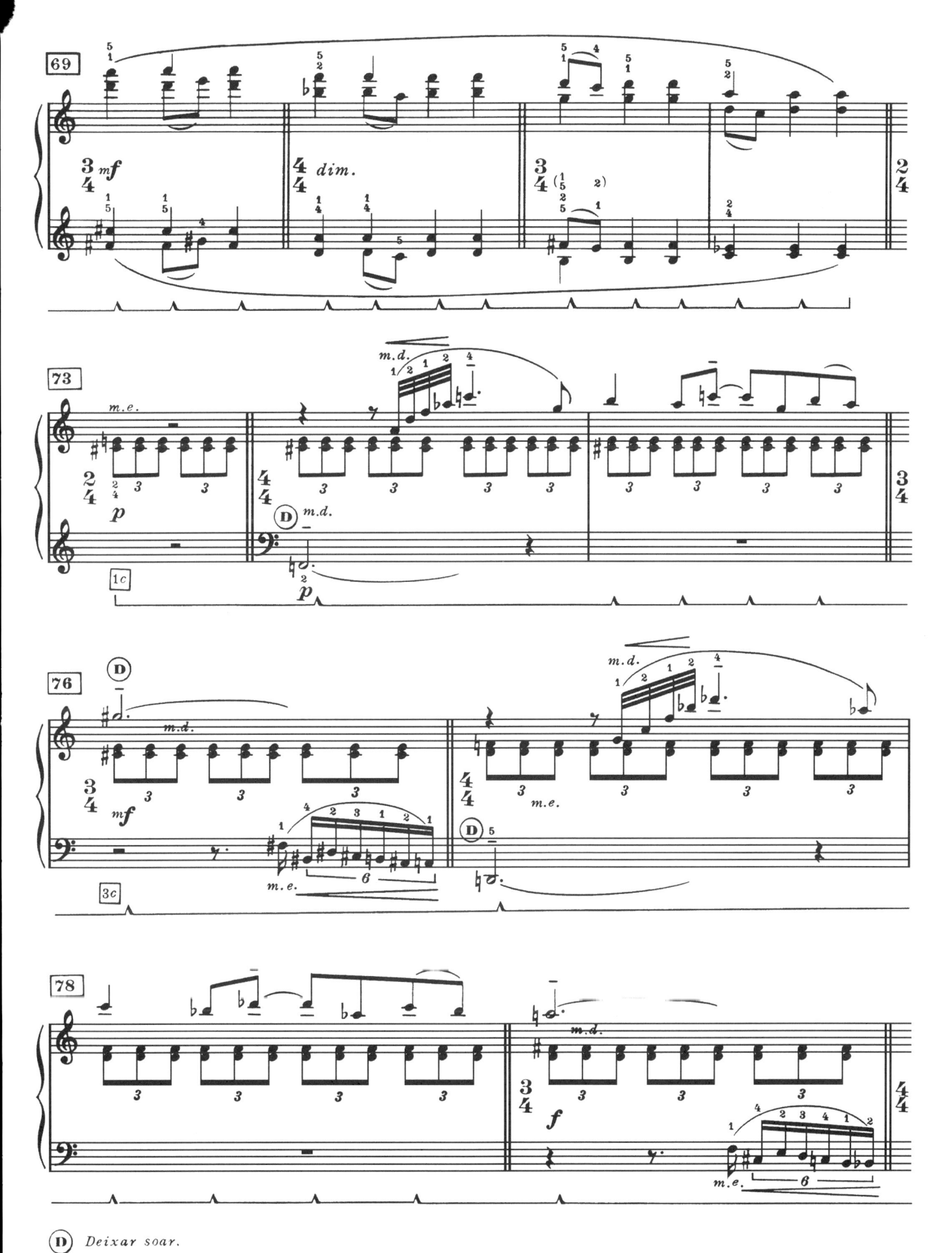

80
m.d.
m.e.
D
dim.
82
sempre a tempo
m.d.
m.e.
un poco legato
mf
84
sempre
f
mf
88
f

92
dim. . . . . . . . . . . .
96
f
cresc.
pochiss. rit.
100
ff
poco accel.
f
a tempo
103
a tempo
pochiss. rit. mf
cresc.

106
8va
loco
pochiss. rit.
ff
poco accel.
(loco)
ff
poco accel.
a tempo
f
f
110
poco rit.
112
a tempo
dim.
mf
cresc.
115
energico

## II

**Andante** (c. ♩ = 56)

68

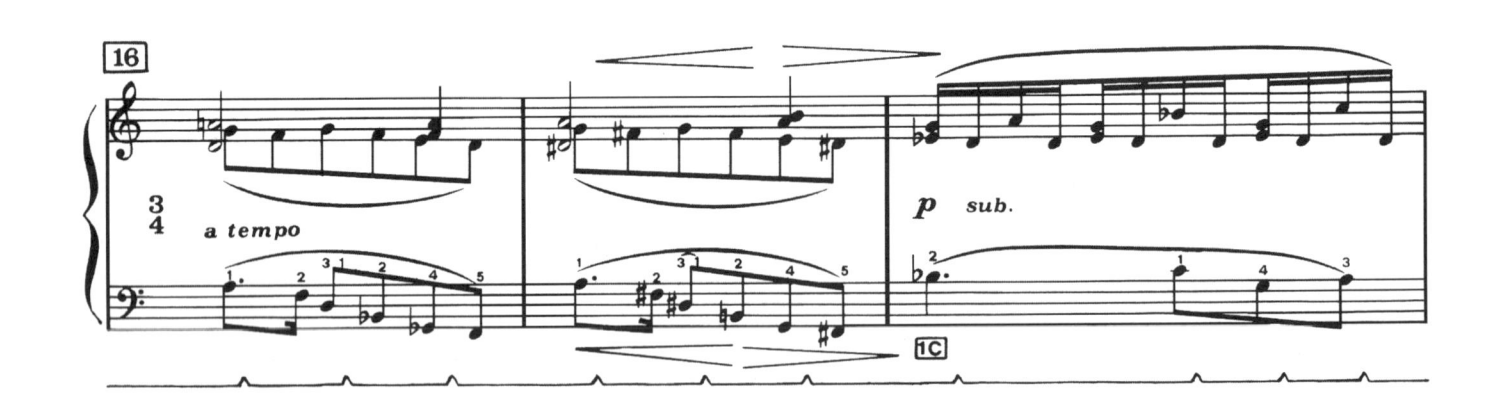

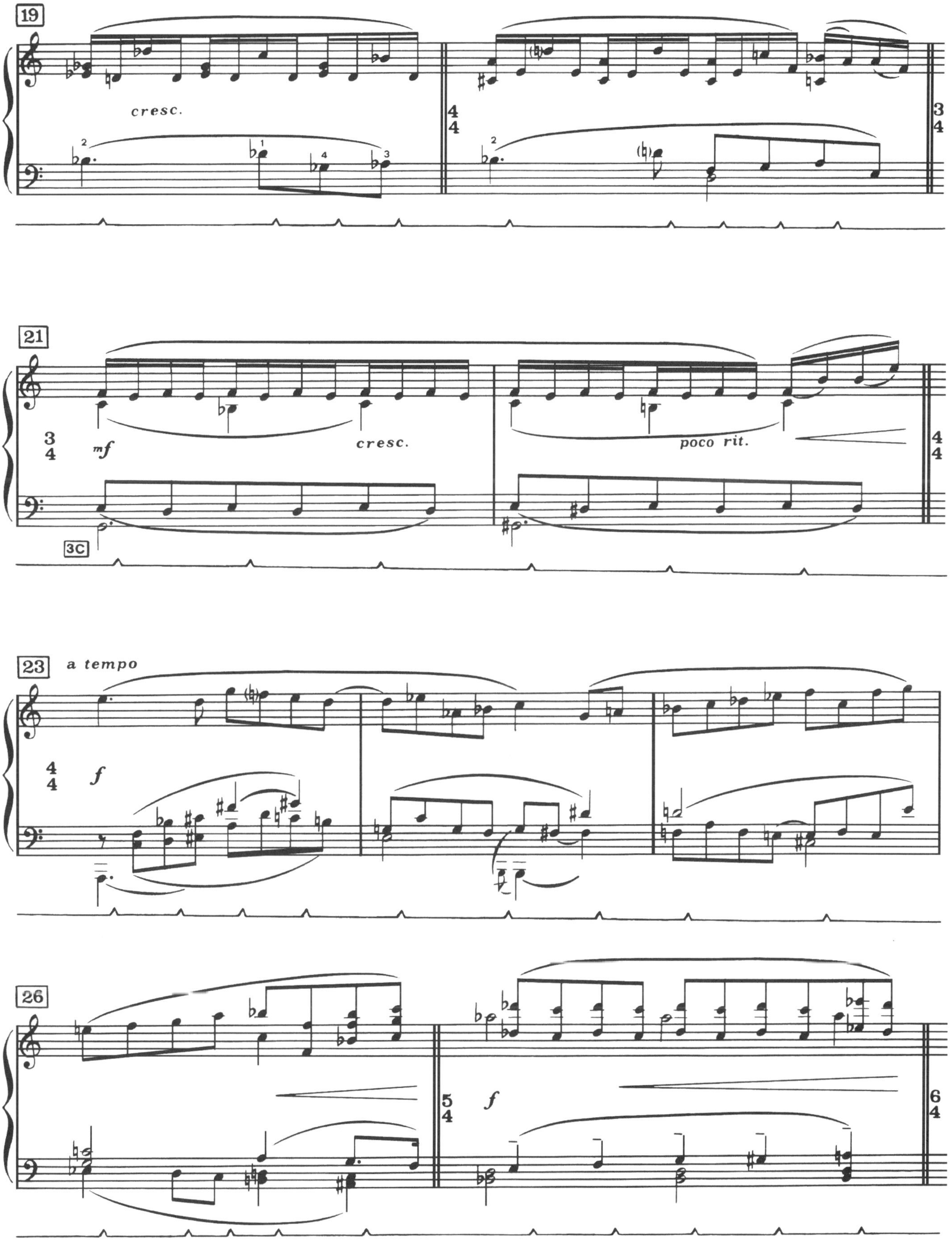
19
cresc.
21
mf
cresc.
poco rit.
3C
23
a tempo
f
26
f

28
poco accel.
rit.
a tempo
1C
30
Più Mosso (c. ♩= 100)
p
accel.
mf
ondeggiante
33
mf
3C
35
mf

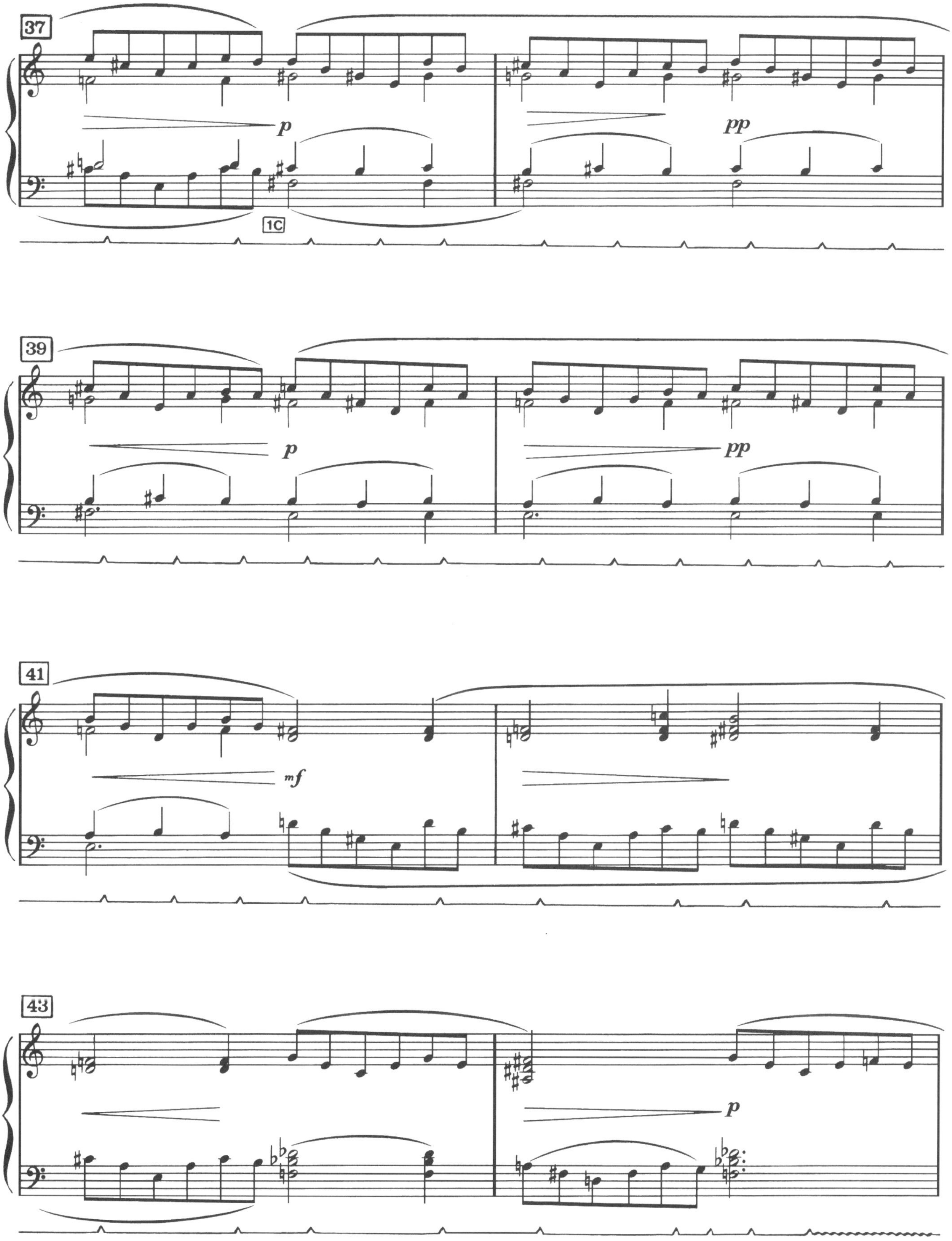
37
p
1C
pp
39
p
pp
41
mf
43
p

72

52
mf
leve rit.
a tempo
p
1C
55
pp
poco cresc.
58
mp
pp
poco accel.
cresc.
rit.
60
mf
dim.
poco rit. sempre
3C
1C
p
pp

# III

75

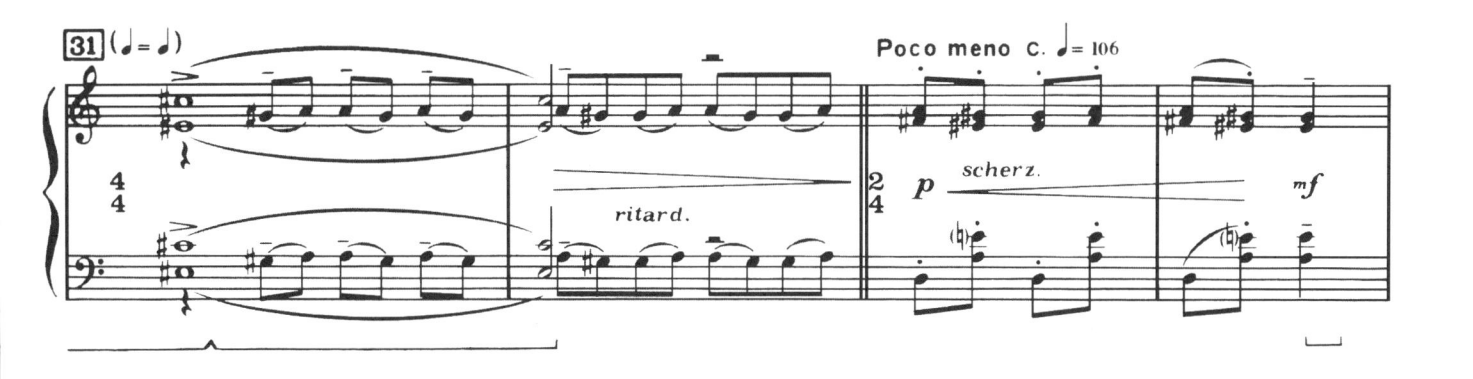

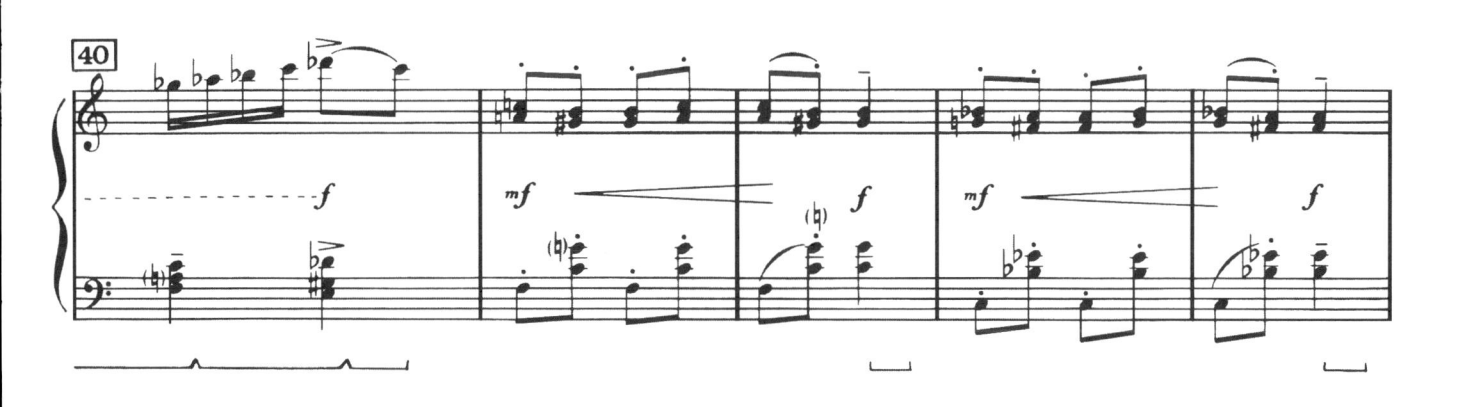

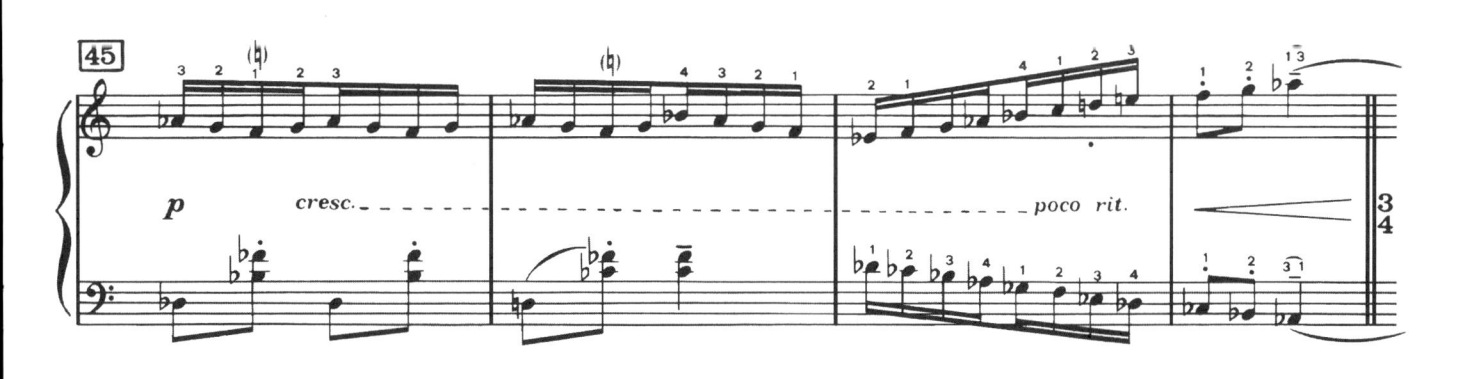

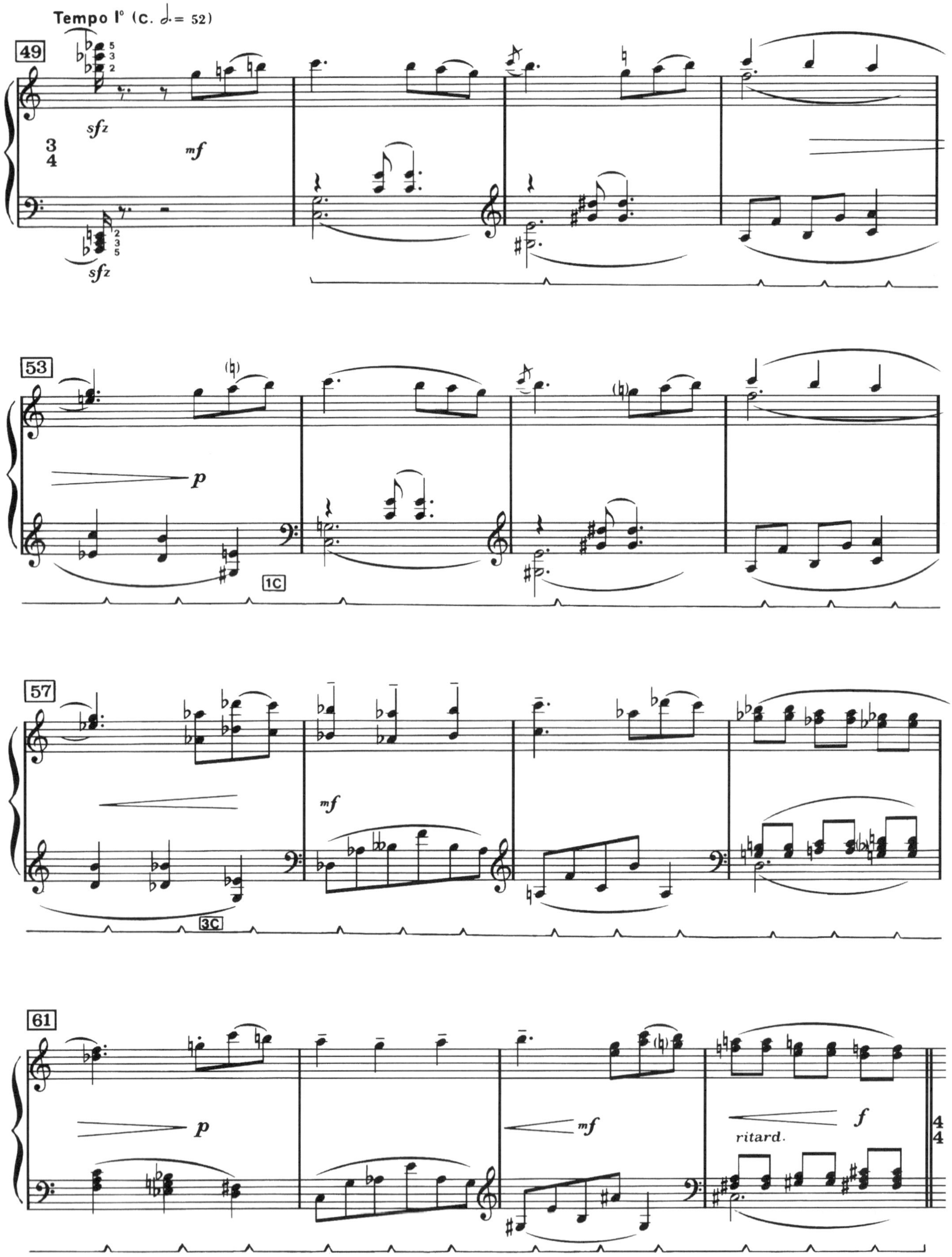
Tempo I° (c. 𝅗𝅥. = 52)
49
sfz
mf
sfz
53
p
1C
57
3C
mf
61
p
mf
f
ritard.

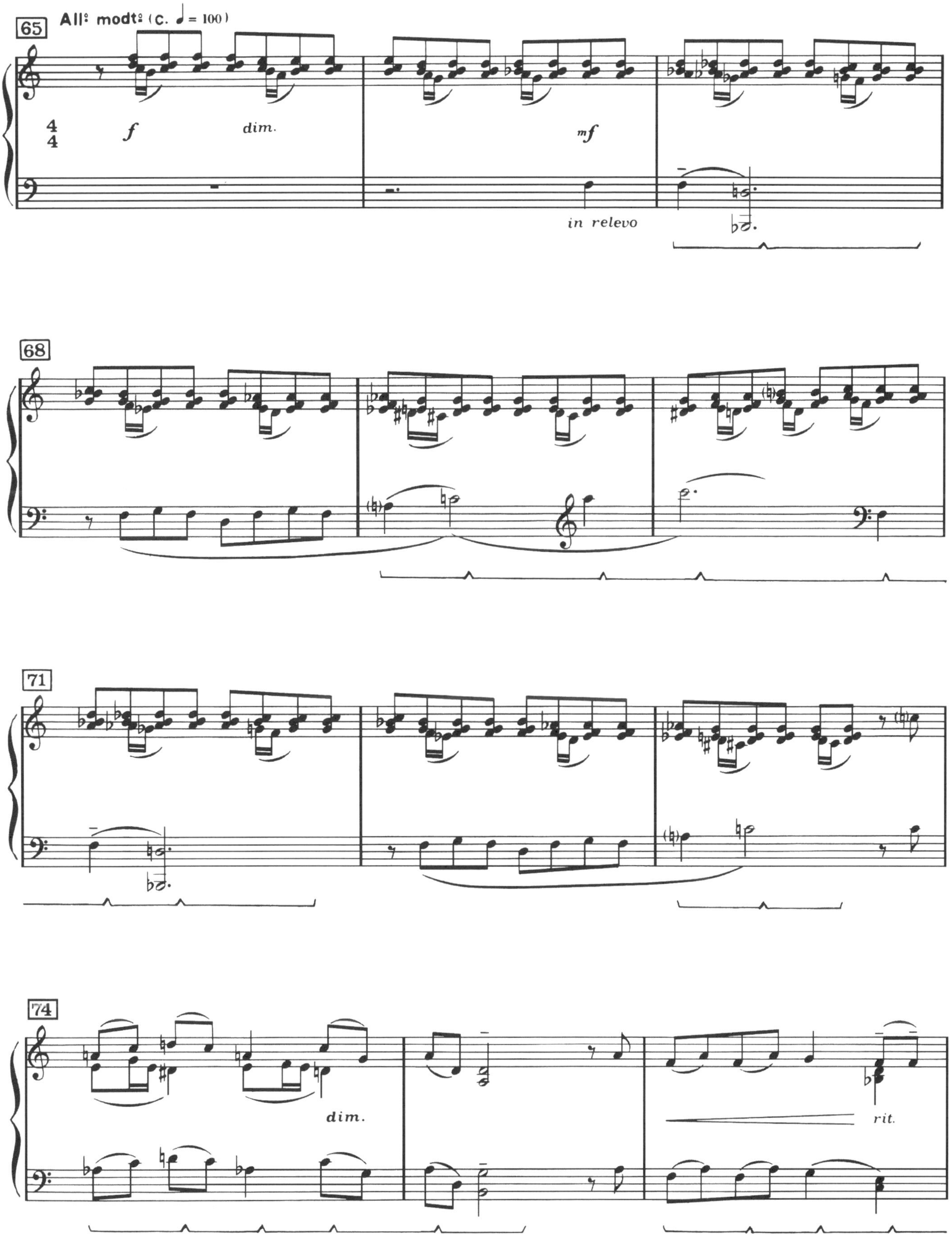
65
All.º modt.º (c. ♩ = 100)
f
dim.
mf
in relevo
68
71
74
dim.
rit.

77
a tempo
p
80
rit.
a tempo
cresc. poco
a
83
poco
mf
cresc.
poco ritard.
f
86
Tempo I° (c. 𝅗𝅥. = 52)
f
energico

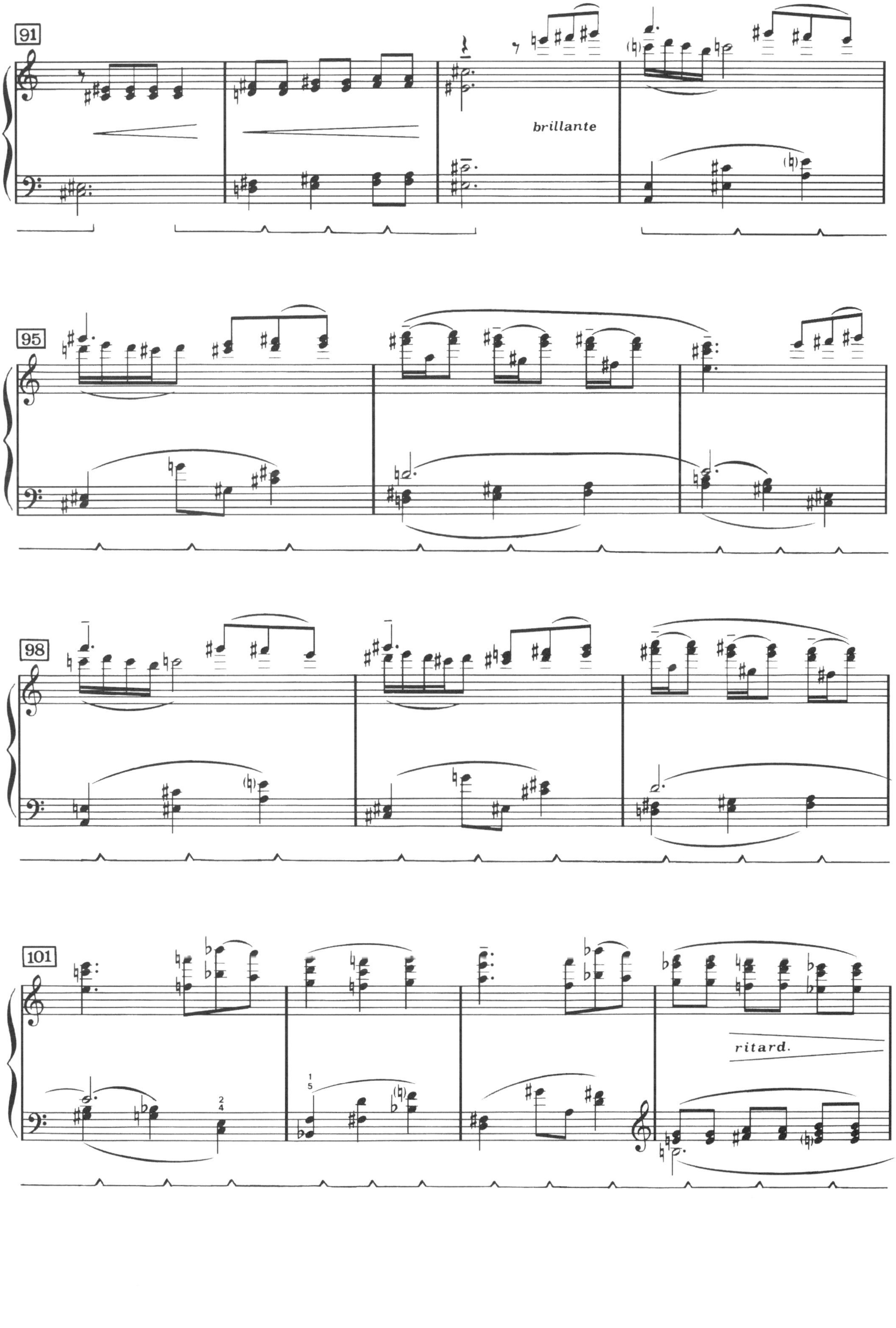
91
brillante
95
98
101
ritard.

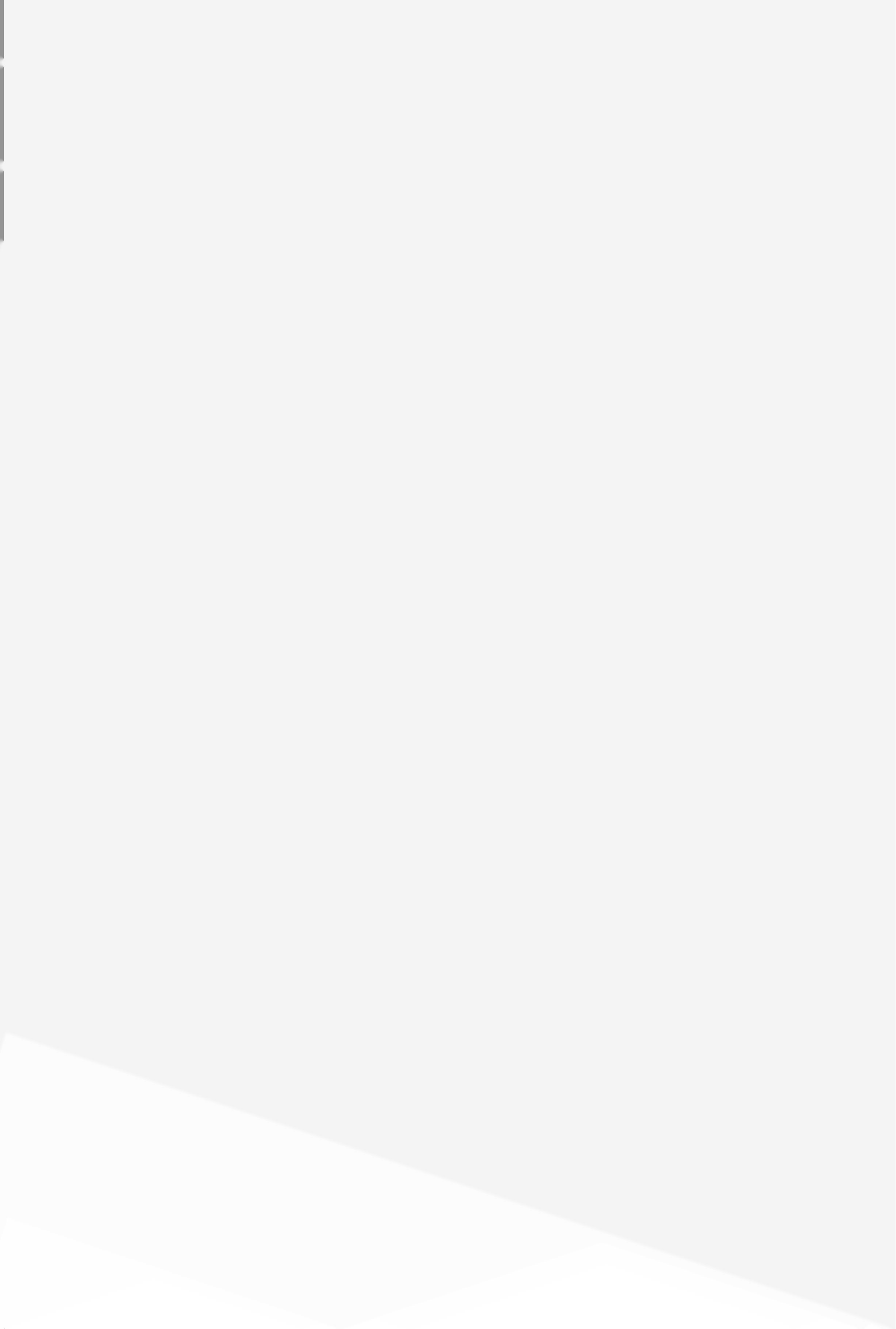

# O Gato Malhado

*Para a professora Valéria Ribeiro Peixoto*

O Gato Malhado

# I - O Gato Malhado

Guerra-Peixe

© Copyright 1983 by Irmãos Vitale S.A. Ind. e Com.

**Meno** — CA. ♩ = 84

*ritardando*

**Andante** — CA. ♩ = 77

b) O ROMÂNTICO

**Tempo I** — CA. ♩ = 100

*come prima*

c) O PREGUIÇOSO

d) APARECE A ANDORINHA

# II - A Andorinha Sinhá

e) E ANDORINHA PIA PARA O GATO

*f)* JOGA GRAVETOS NO GATO

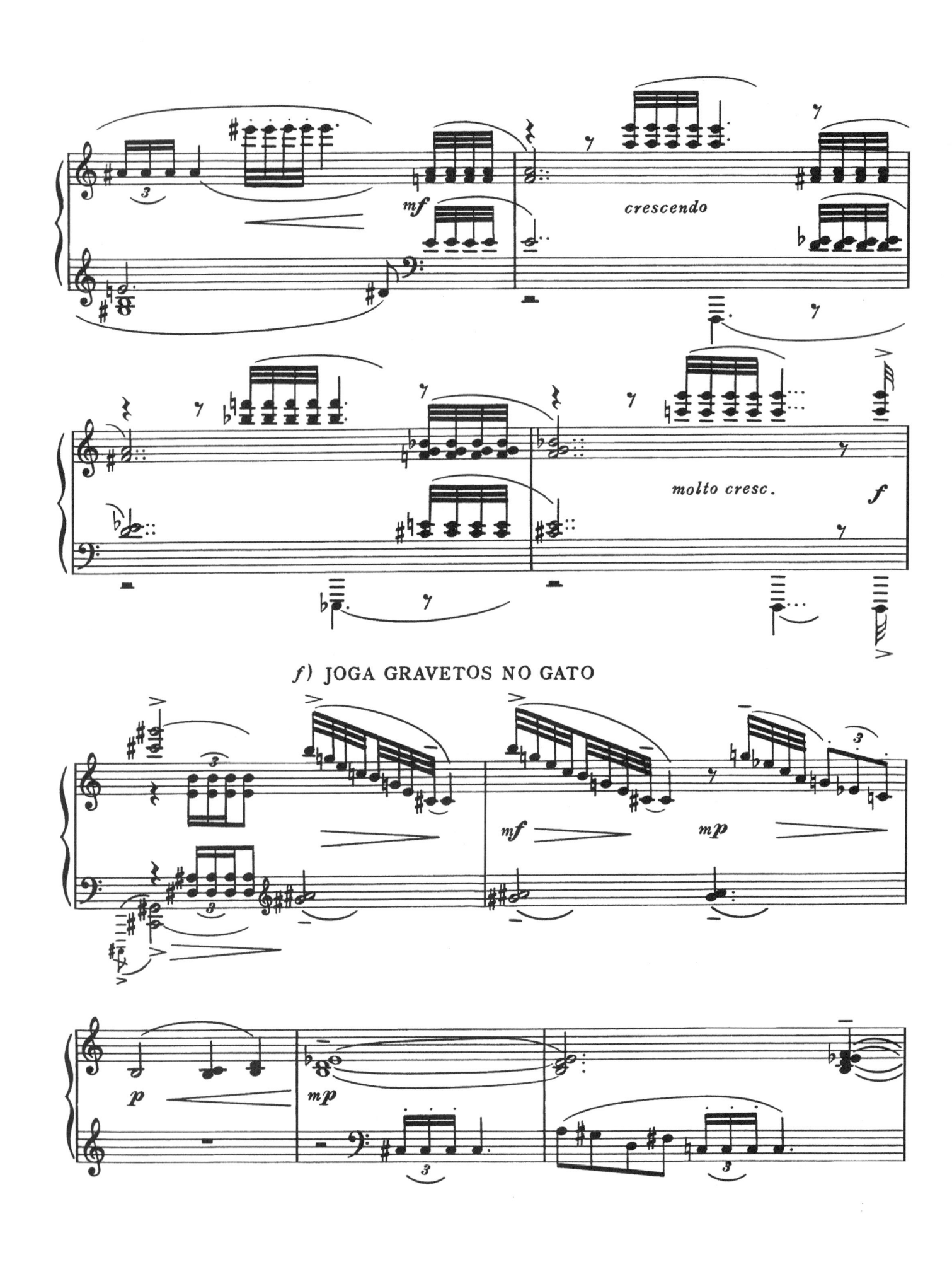

A tempo, ma poch. meno — CA. ♩ = 48

## III - O Namoro e os Murmúrios

**Allegretto**- CA. ♩ = 100

g) O NAMORO

**Molto meno**- CA. ♩ = 60

© Copyright 1983 by Irmãos Vitale S.A. Ind. e Com.

Molto meno – CA. ♩= 60
Allegretto – CA. ♩= 100
mf
rit.
p
rit.
Tempo I – CA. ♩= 100
p cresc. poco a poco
mp
ritard.
mf
3
più ritard.
A Tempo
p dolcissimo, come bruma
poco rit.

**A Tempo**

*pp*  *poco rit.* — — — *piu rit.*

**A Tempo** — CA. ♩ = 100
*h)* MURMÚRIOS

*tremolo*

*(pp) rumoreggiare e crescendo poco a poco*  *mf*  *senza rigore di tempo*

# IV - A Noite Sem Estrelas

**Festivo** — CA. ♩=100
*i*) MARCHA NUPCIAL

*f risoluto e sonore*

*piuf*

*poco*   *piuf*   Lunga

*m.s.*

© Copyright 1983 by Irmãos Vitale S.A. Ind. e Com.

**Moderato** — CA. ♩ = 76

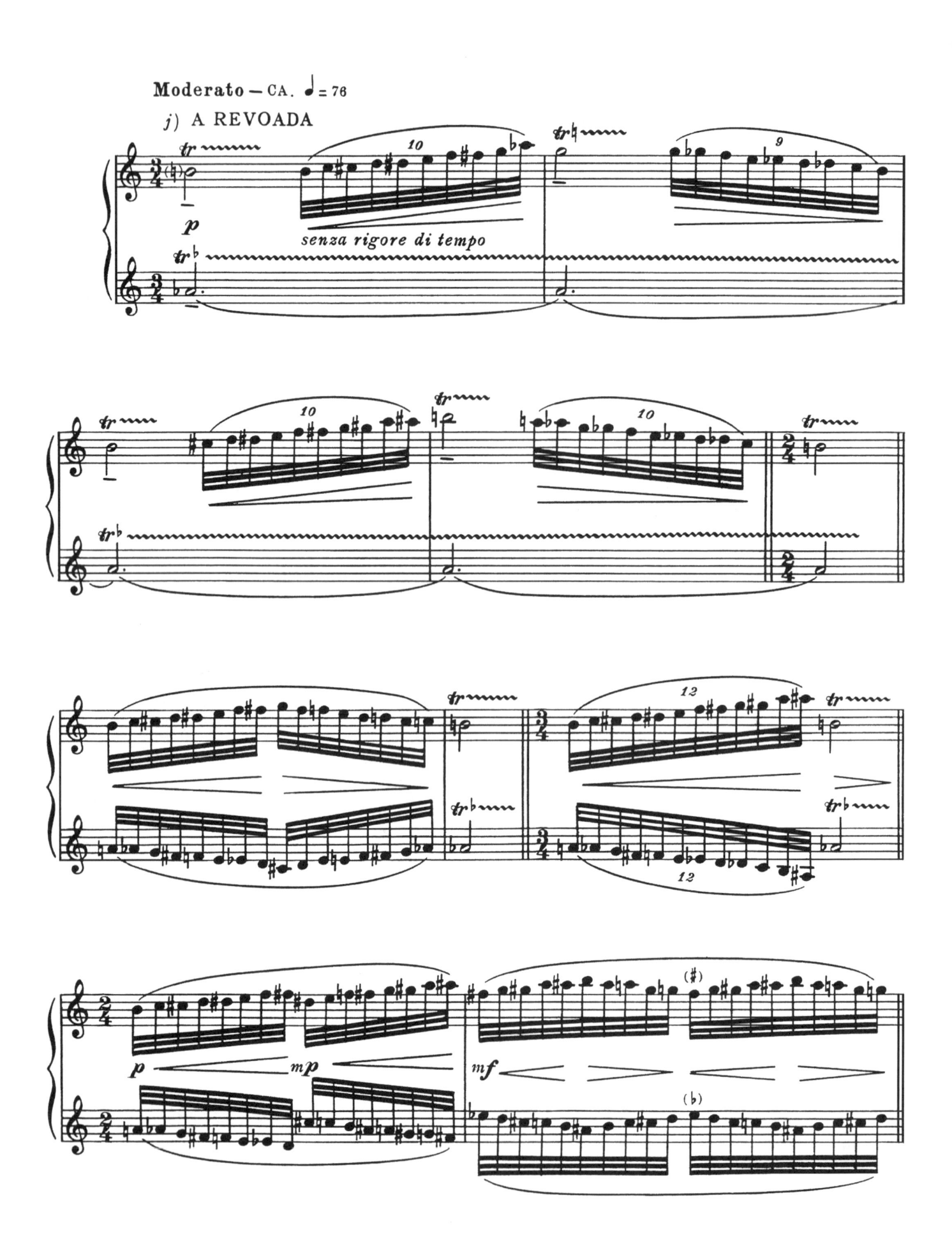

*j)* A REVOADA

*senza rigore di tempo*

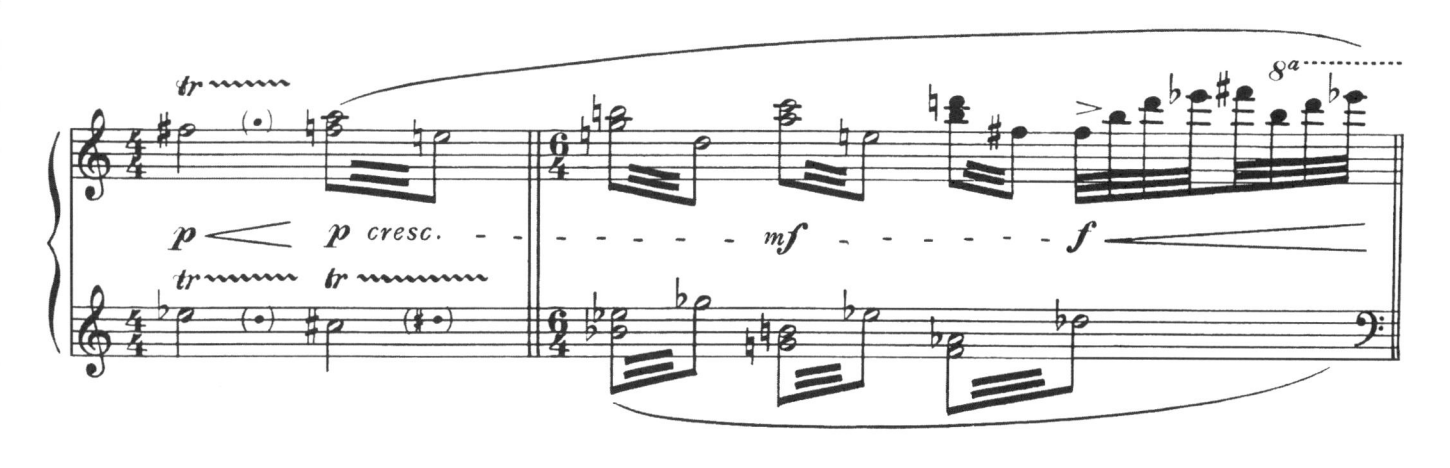

*k)* A Andorinha deixa cair uma pétala de rosa vermelha no Gato.

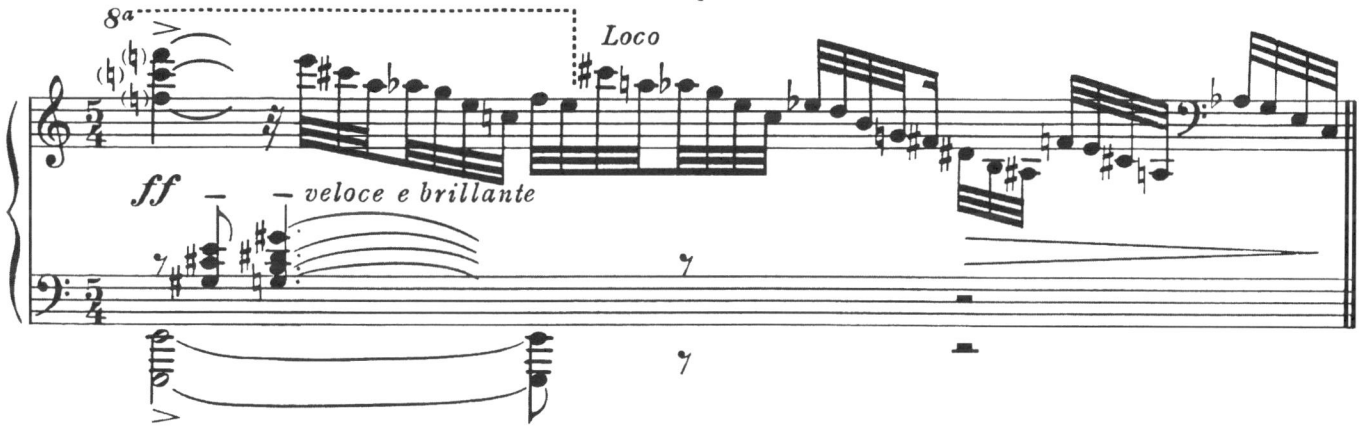

*veloce e brillante*

**Andante** – CA. ♩ = 60
*e)* LEMBRANÇA DA ANDORINHA

**A Tempo**

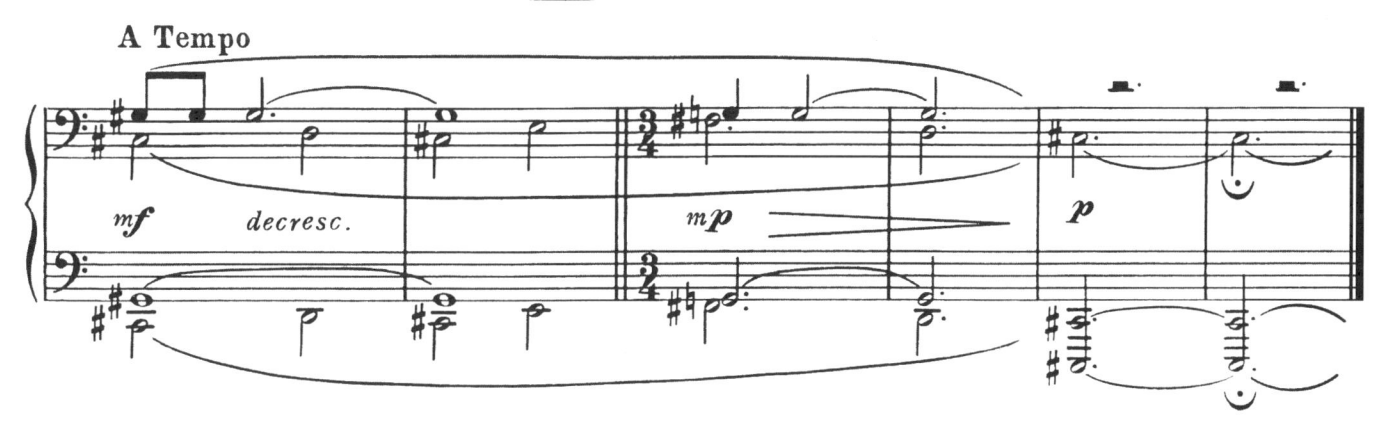

# Minúsculas I

Minúsculas - I

# 1 - Introdução

Dedilhado: Heitor Alimonda                                                                 Guerra-Peixe

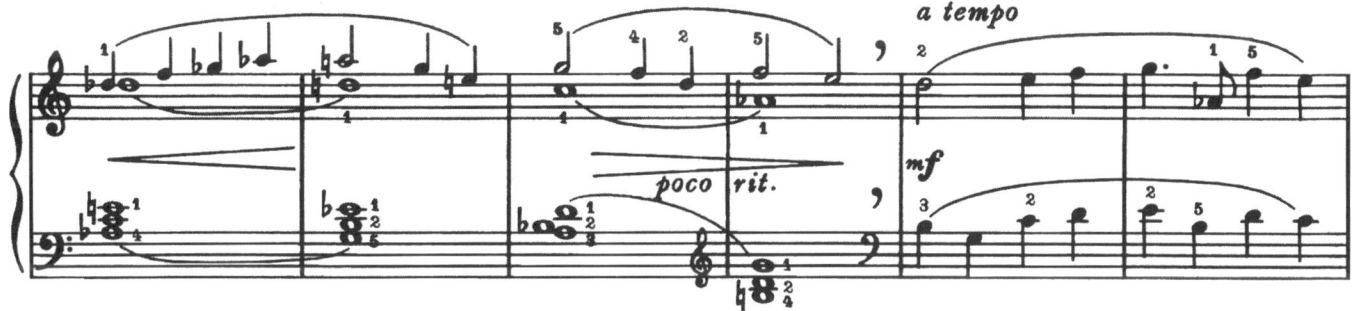

# 2 - Dramático

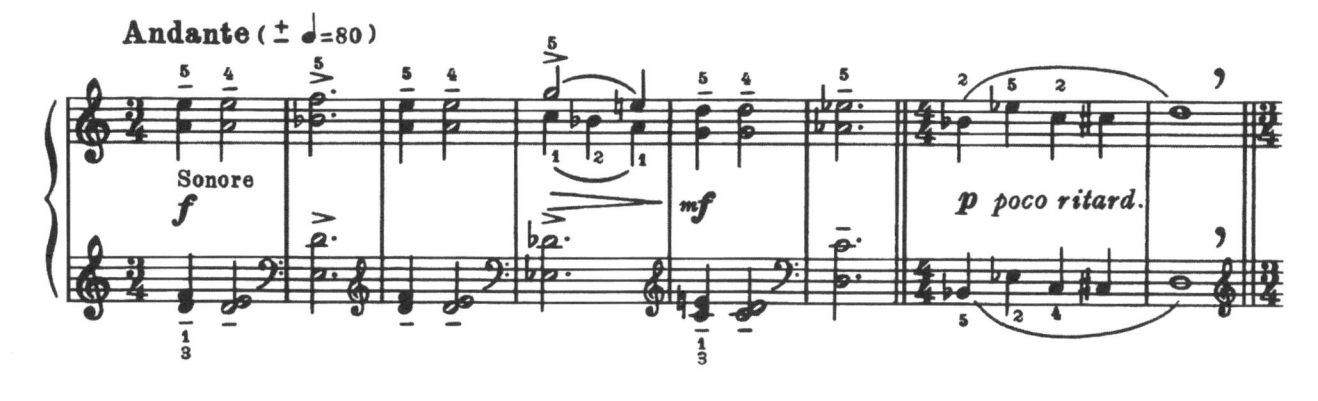

© Copyright 1981 by Irmãos Vitale S.A. Ind. e Com.

# 3 - Marchando

# Minúsculas II

Minúsculas - II

# 1 - Caminhando

Guerra-Peixe

# 2 - Cantiga

## 3 - No estilo carioca

# Minúsculas III

Minúsculas - III

# 1 - Fanfarra

Guerra-Peixe

# 2 - Valseado

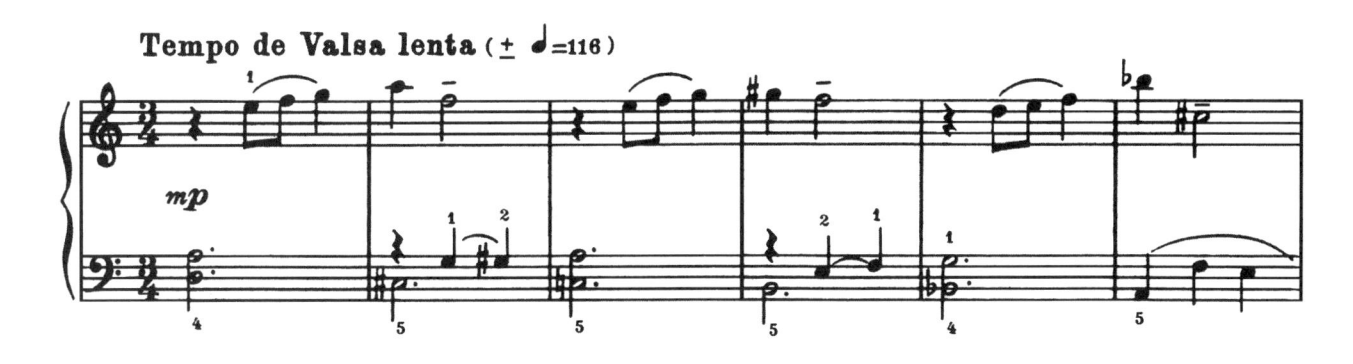

© Copyright 1981 by Irmãos Vitale S.A. Ind. e Com.

## 3 - Indiozinho carnavalesco

(×) *A melodia imita a dos* CABOCOLINHOS *do Recife*

© Copyright 1981 by Irmãos Vitale S.A. Ind. e Com.

# Minúsculas IV

Minúsculas - IV

# 1 - Prelúdio

Guerra-Peixe

# 2 - Contrastes

© Copyright 1981 by Irmãos Vitale S.A. Ind. e Com.

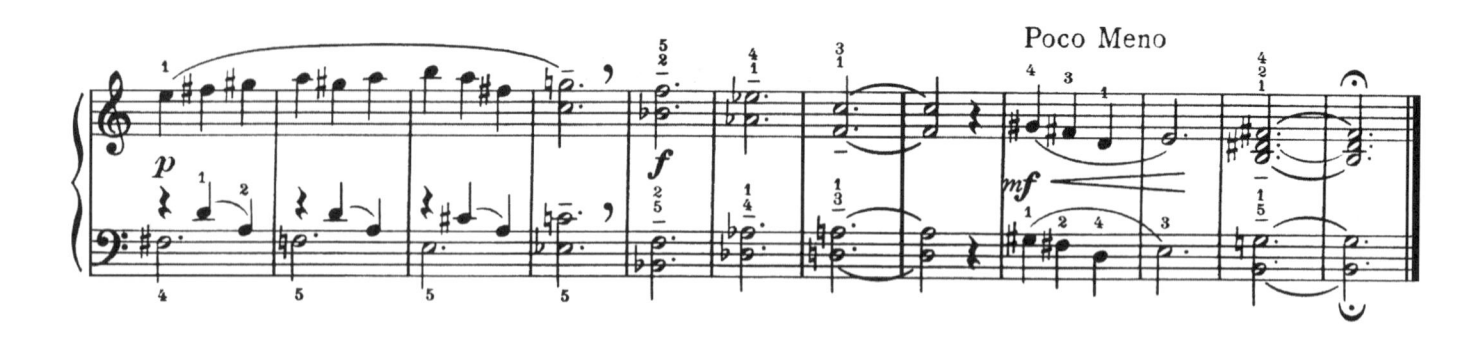

# 3 - Caipira

# Minúsculas V

Minúsculas - V

# 1 - Canto Negro

Guerra-Peixe

## 3 - Mãos cruzadas

(N.B.) *Tocar cada nota com os dois dedos indicados:* $\binom{2}{3}$.

Rio : 19-03-81

© Copyright 1981 by Irmãos Vitale S.A. Ind. e Com.

# Minúsculas VI

Minúsculas - VI

# 1 - Barroquinho

Guerra-Peixe

# 2 - Noturno

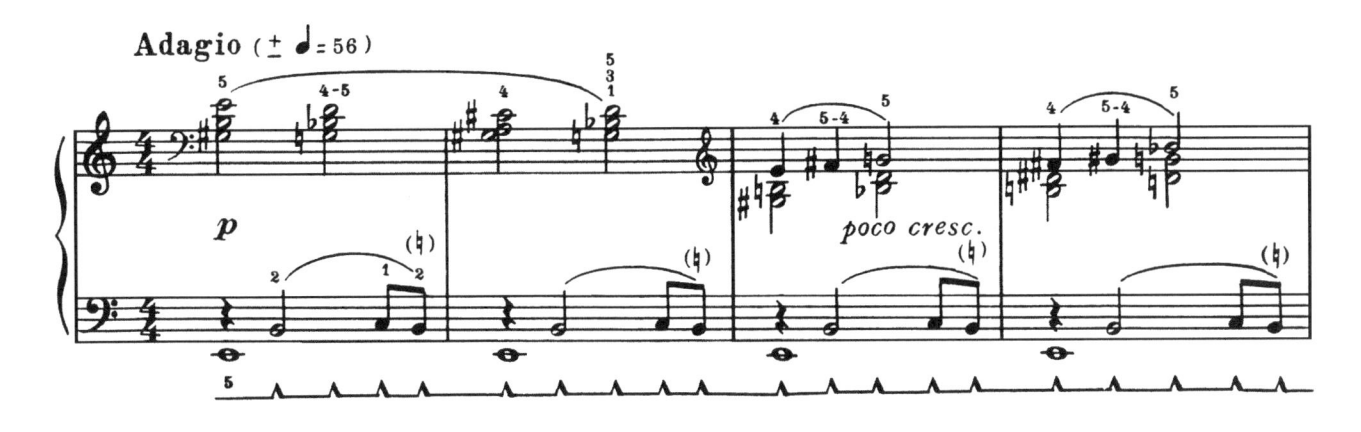

© Copyright 1981 by Irmãos Vitale S.A. Ind. e Com.

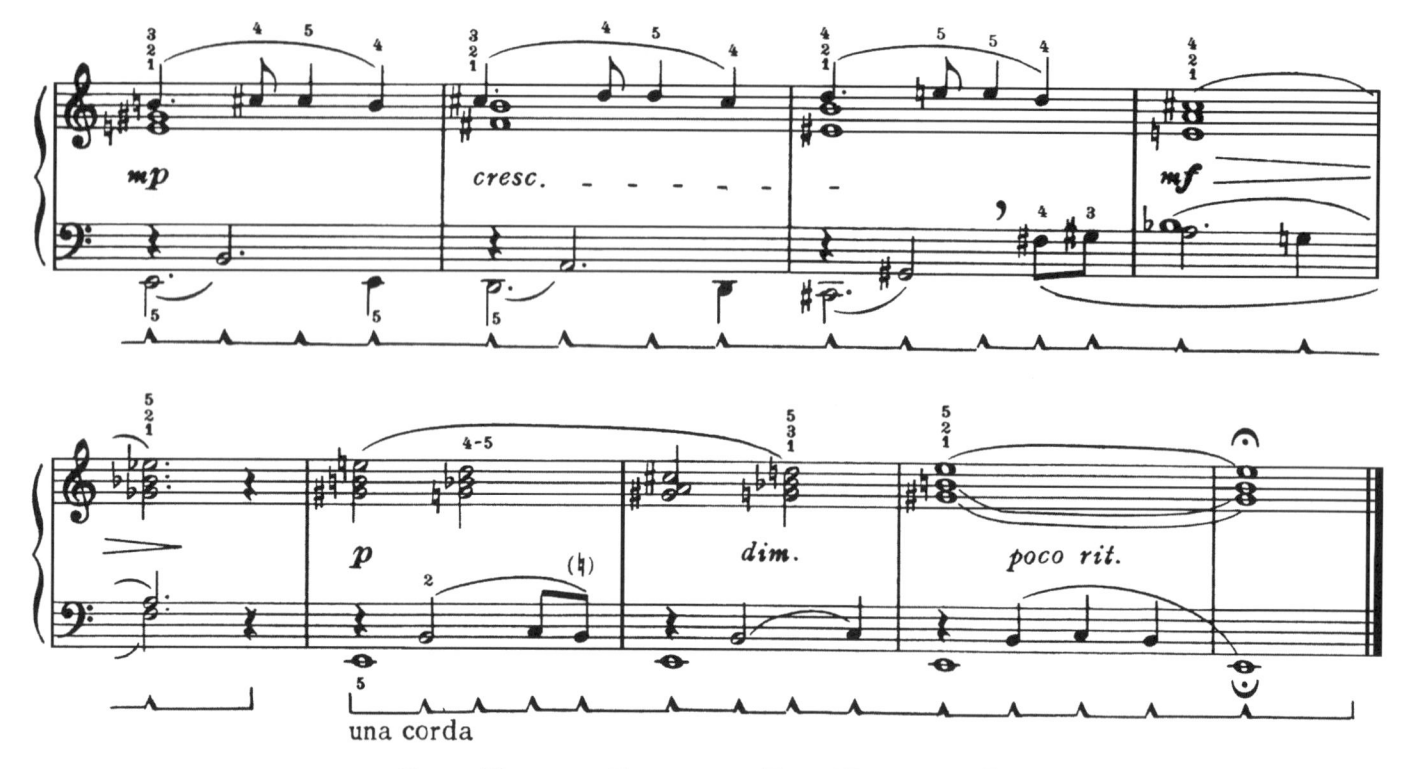

## 3 - Lembrando Bartók

© Copyright 1981 by Irmãos Vitale S.A. Ind. e Com.

# Quatro Coisas

# I - Prelúdio

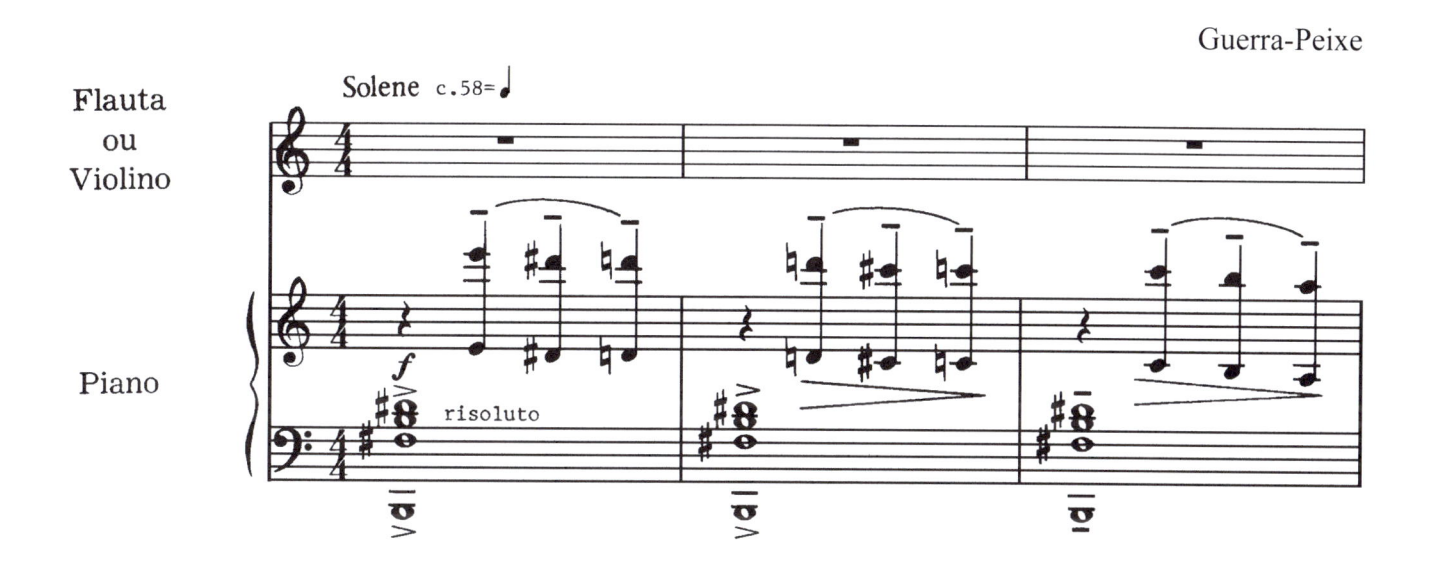

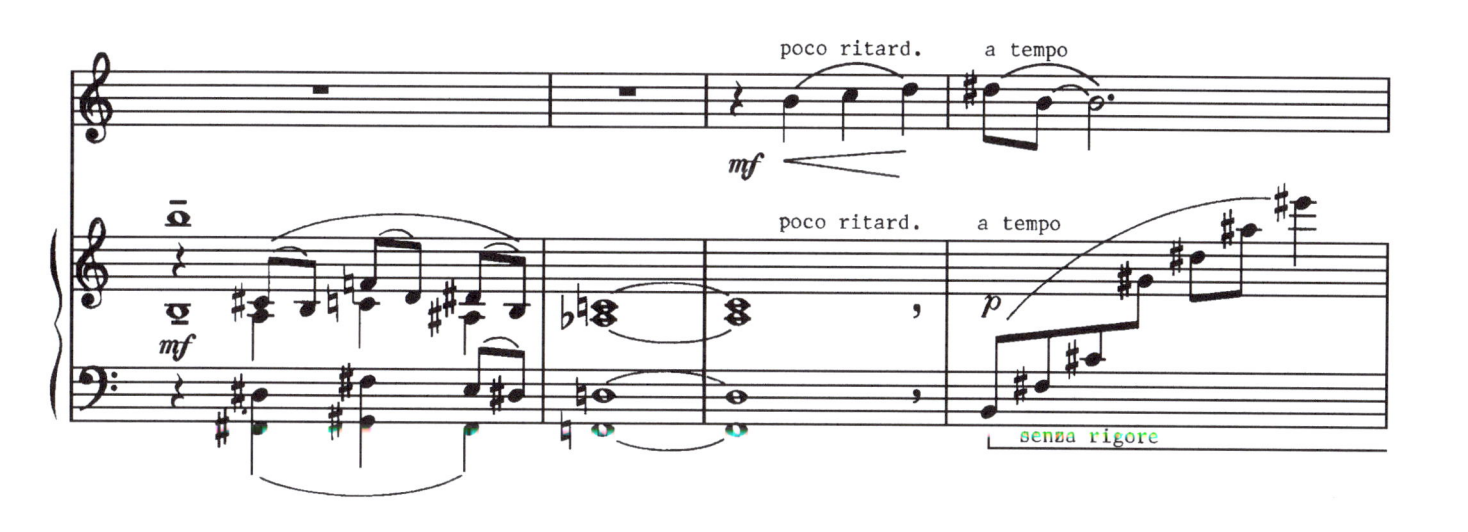

Guerra-Peixe

122

# II - Movimentação

Guerra-Peixe

124

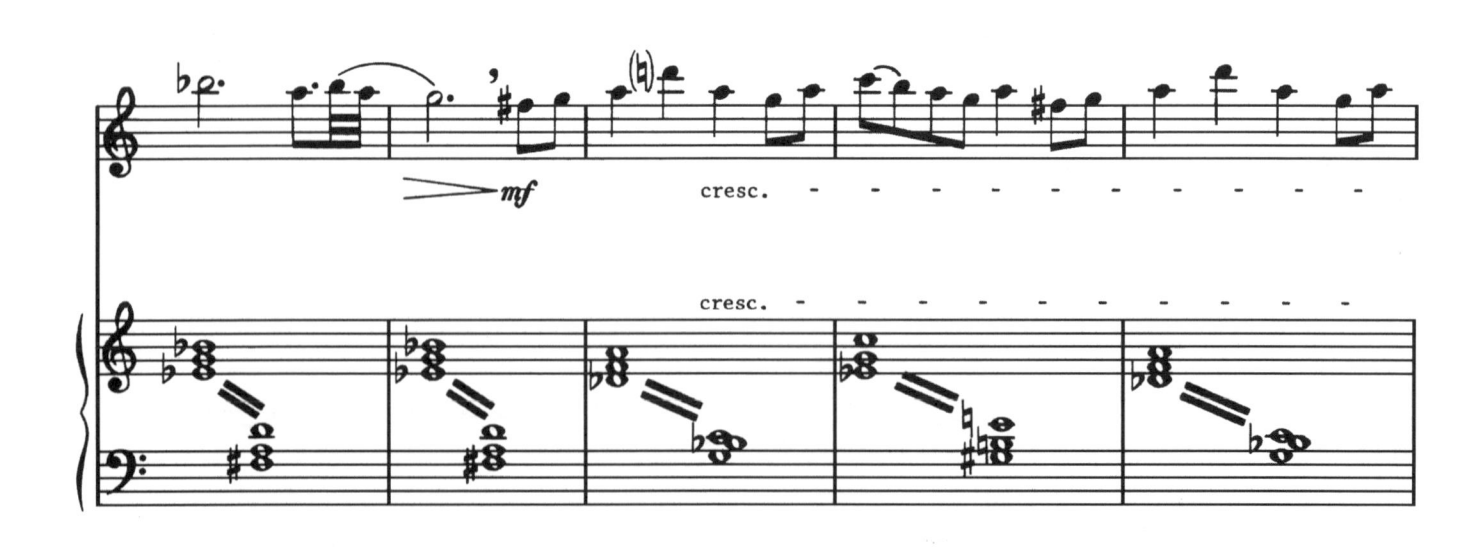

125

# III - Interlúdio

Guerra-Peixe

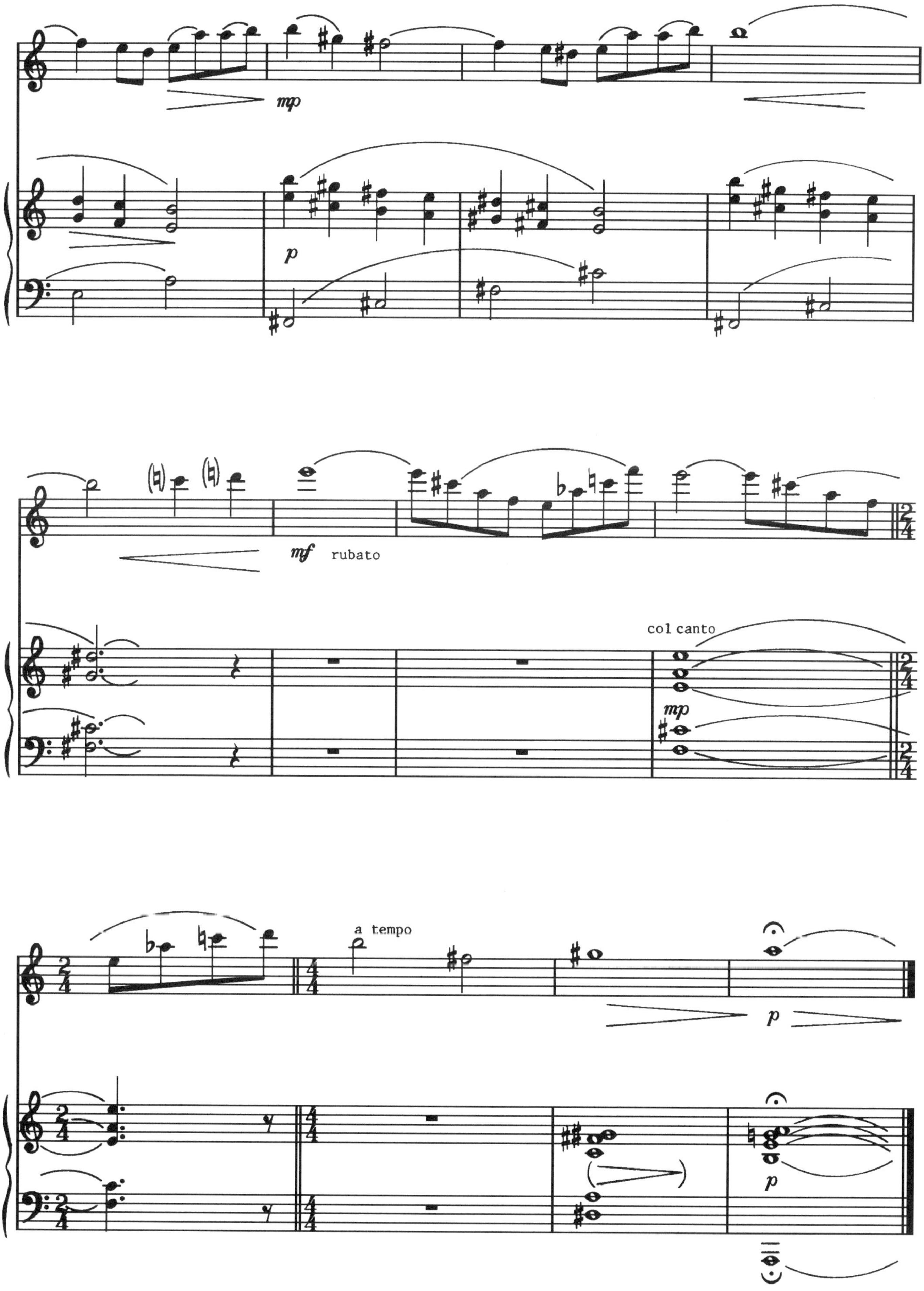
mp
p
mf
rubato
col canto
mp
a tempo
p
p

# IV - Caboclo de Pena

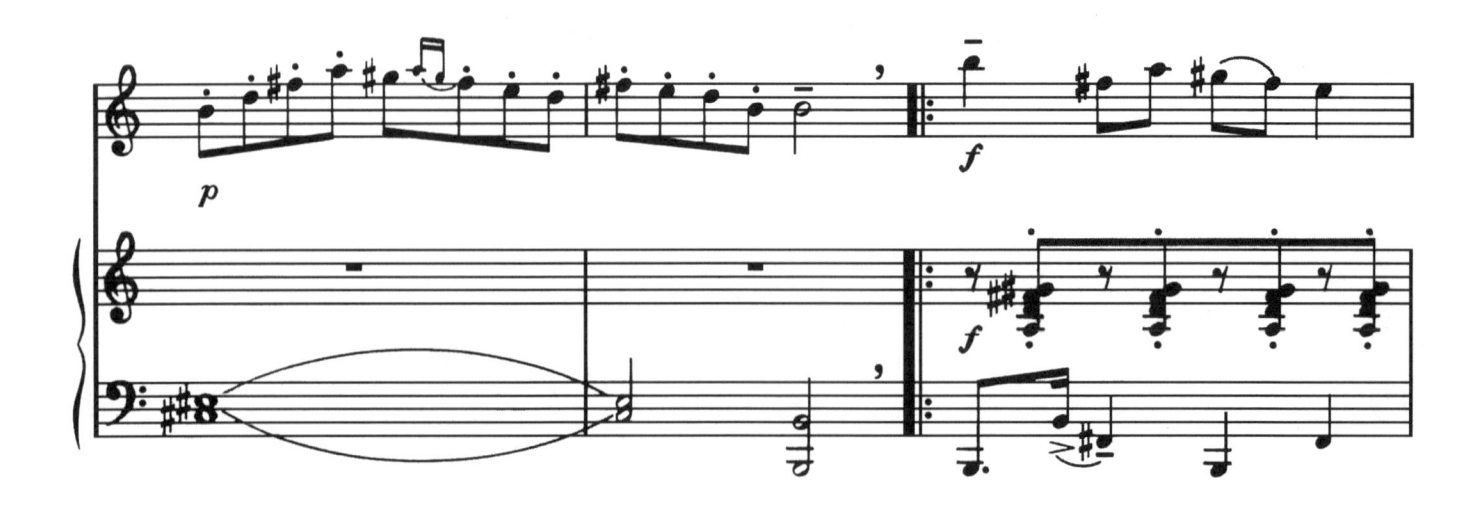

Guerra-Peixe

© Copyright 1988 by Irmãos Vitale S.A. Ind. e Com.

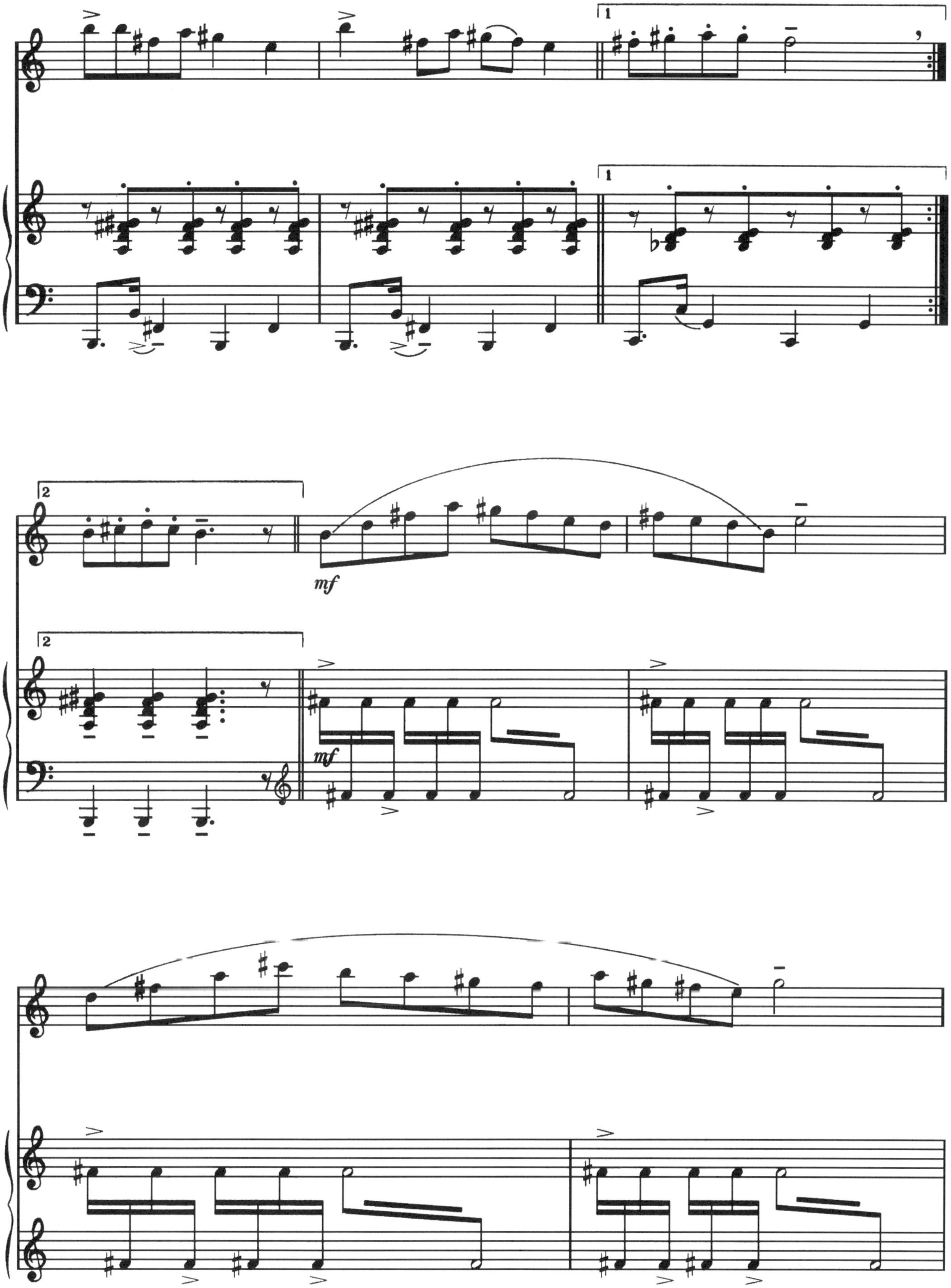
1
1
2
2
mf
mf

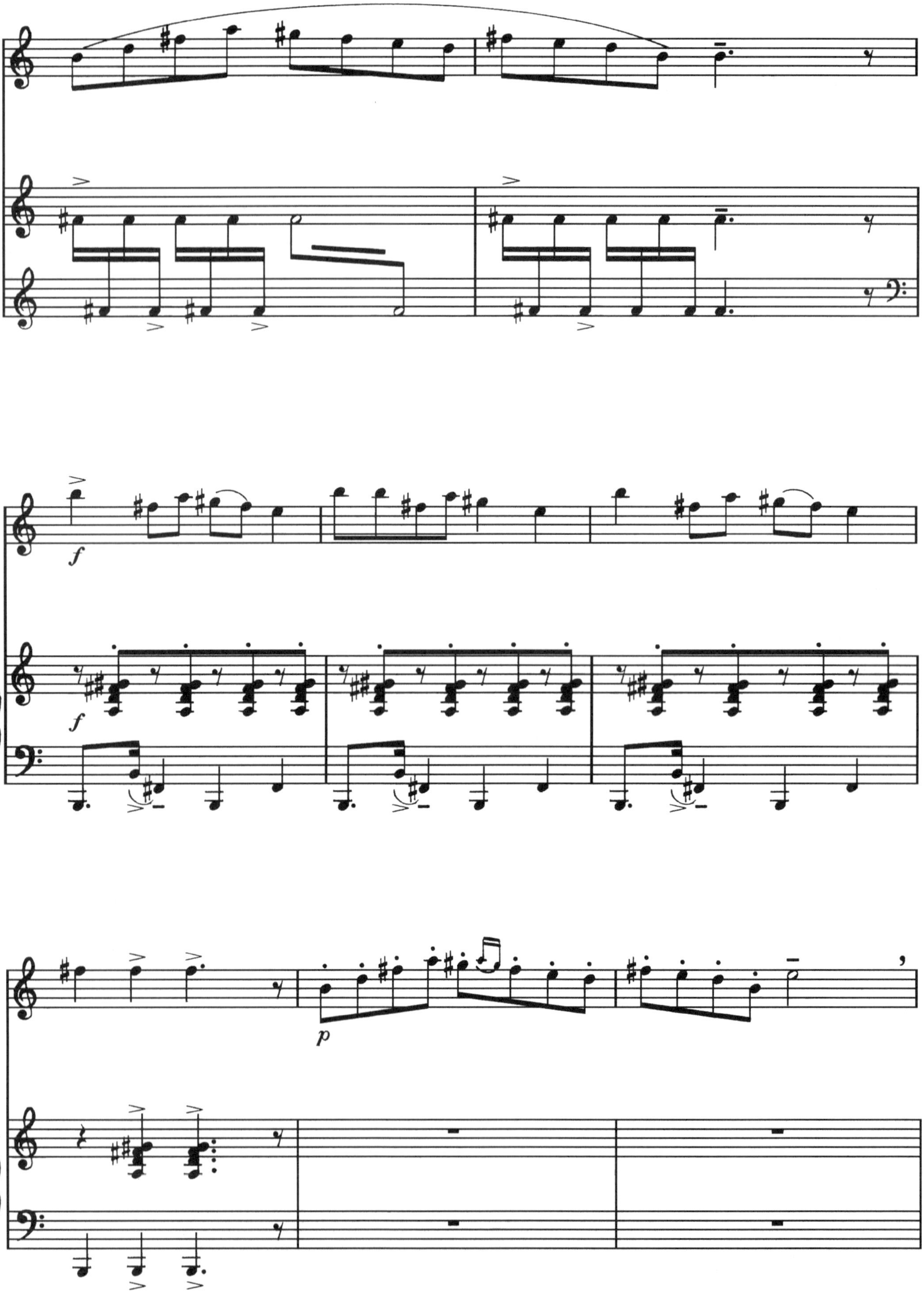
f
f
p

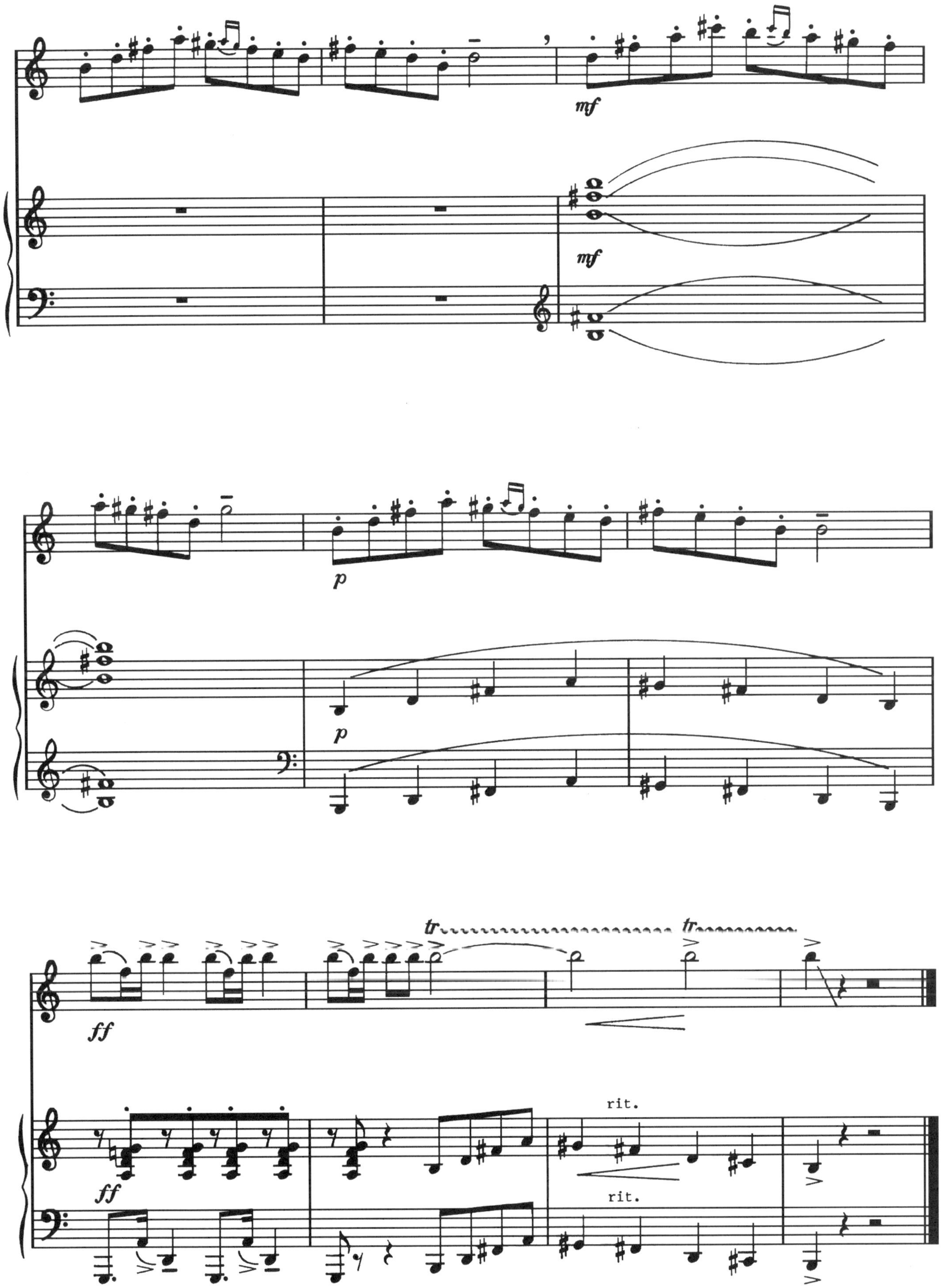
mf
mf
p
p
ff
tr
tr
ff
rit.
rit.

# A Inúbia do Cabocolinho

# A Inúbia do Cabocolinho

Guerra-Peixe

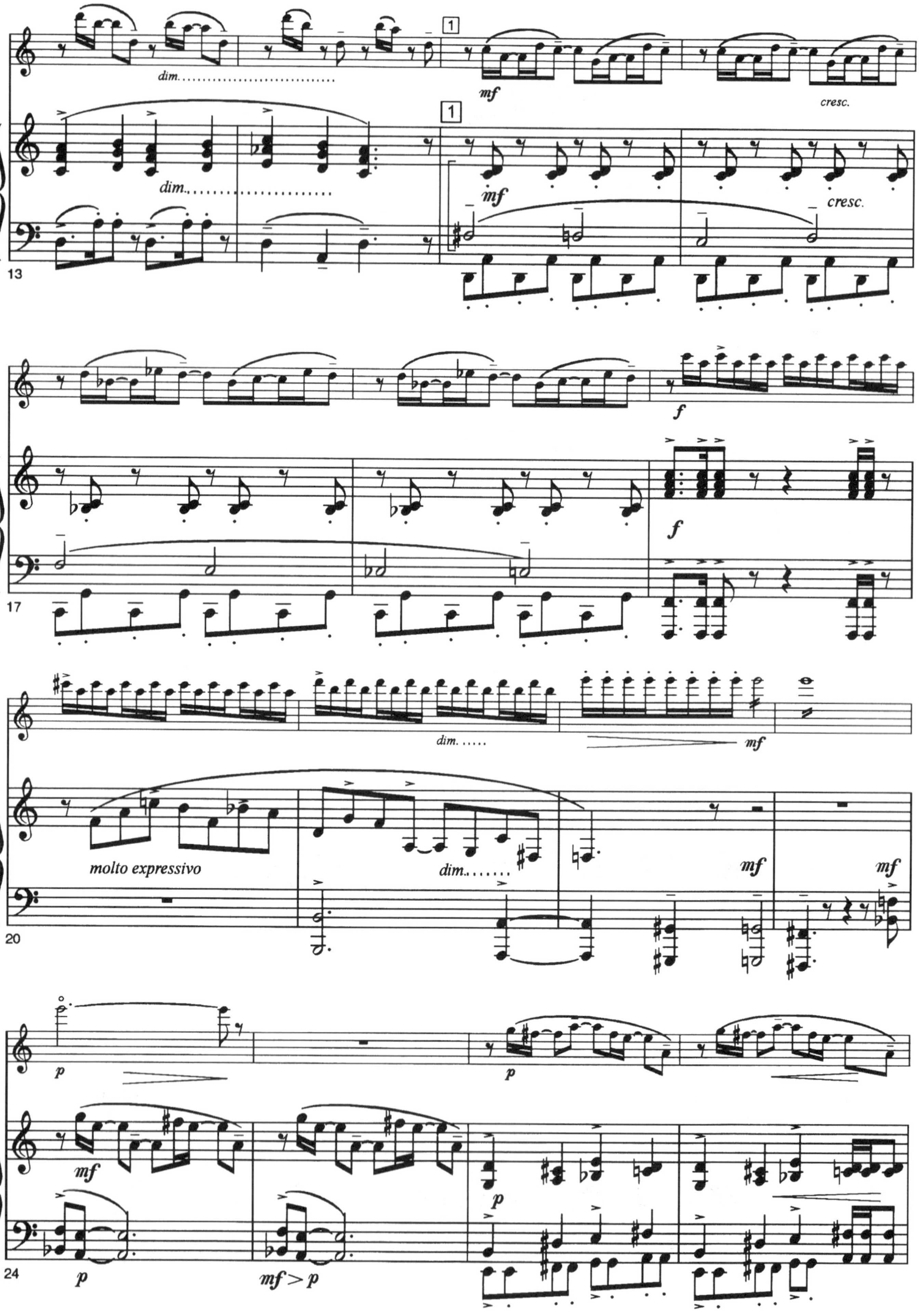
1
dim.
mf
cresc.
13
17
f
molto expressivo
dim.
20
24
p
mf
mf > p

137

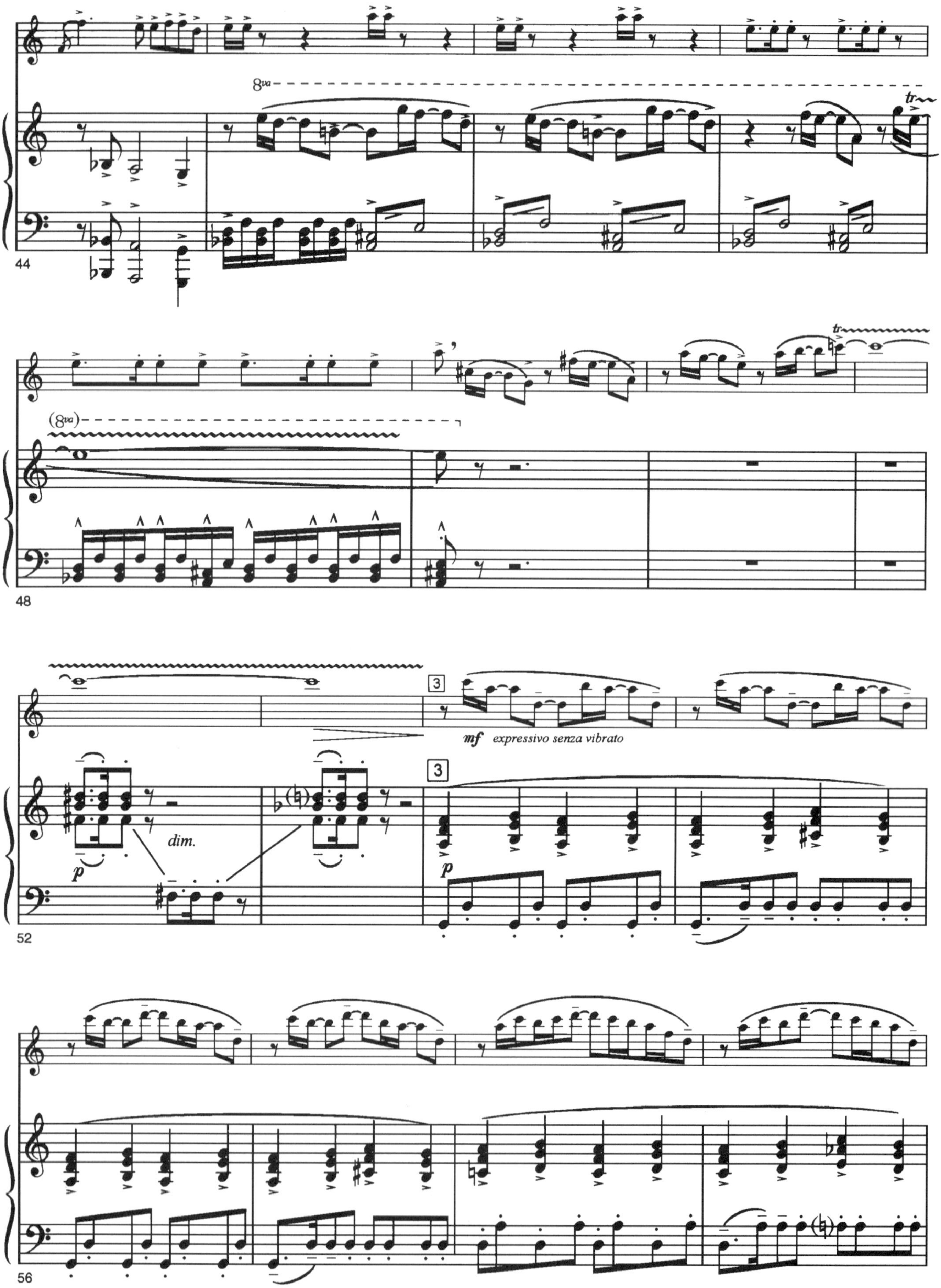
8va
tr
(8va)
3
mf expressivo senza vibrato
p
dim.
44
48
52
56

p cresc.
cresc.
60
mf dim.
dim.
p
mf cresc.
cresc.
64
4 Più mosso - c. ♩ = 168
mf um poco vibrato
f
ff
68
poco più f
cresc.
72

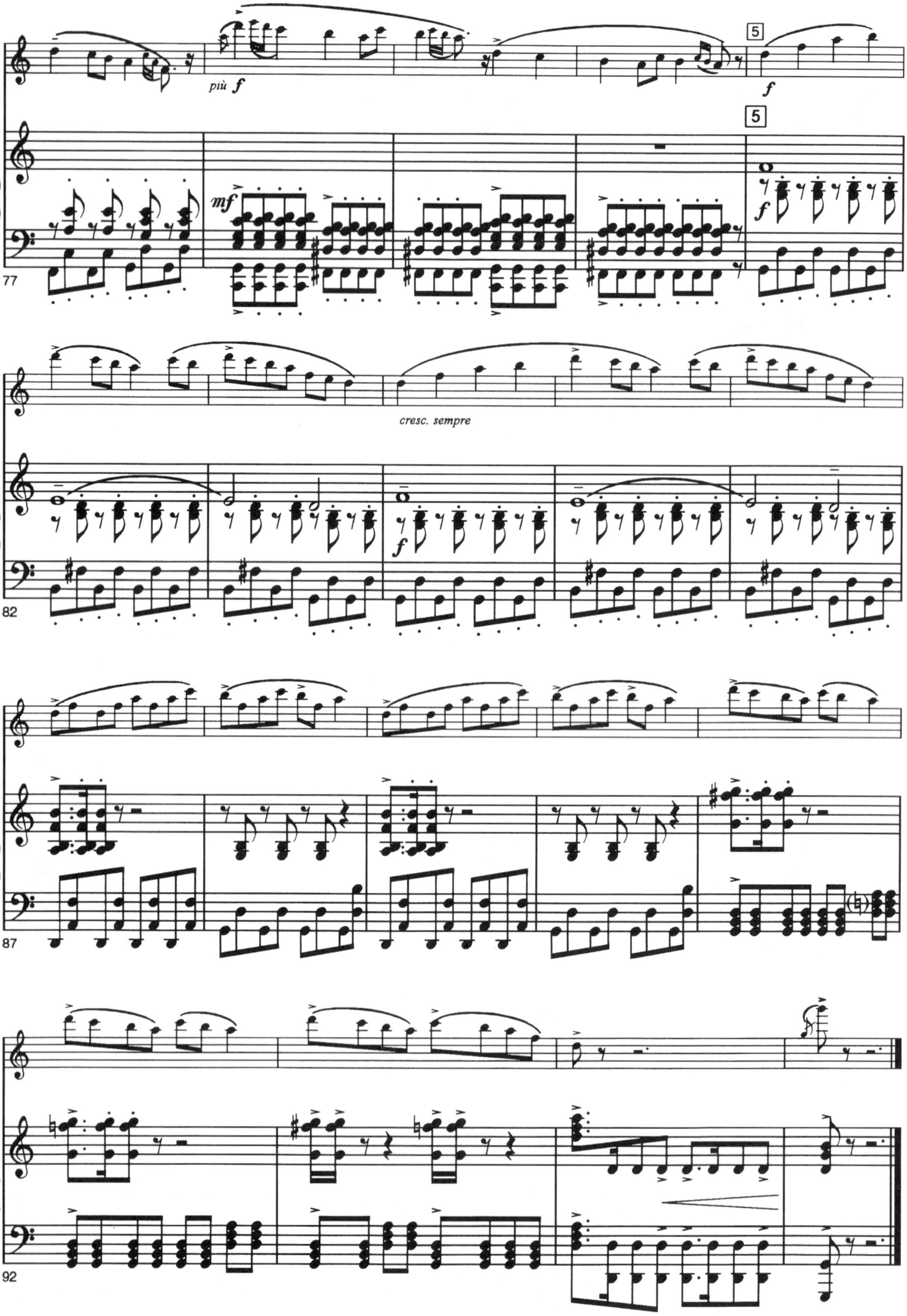
più f
5
f
5
mf
f
77
cresc. sempre
f
82
87
92